红色广东丛书

恽代英

李良明 丁言模 著

图书在版编目(CIP)数据

恽代英/李良明，丁言模著. —广州：广东人民出版社，2021.6

(红色广东·广东工农运动领袖)

ISBN 978-7-218-14855-7

Ⅰ.①恽… Ⅱ.①李… ②丁… Ⅲ.①恽代英（1895-1931）–传记 Ⅳ.①K827=6

中国版本图书馆CIP数据核字（2020）第265245号

YUN DAIYING

恽代英　　李良明　丁言模　著　　版权所有 翻印必究

出 版 人：肖风华

责任编辑：夏素玲　谢　尚
责任技编：吴彦斌　周星奎
封面设计：河马设计　李卓琪
排版制作：邦　邦

出版发行：广东人民出版社
地　　址：广州市海珠区新港西路204号2号楼（邮政编码：510300）
电　　话：（020）85716809（总编室）
传　　真：（020）85716872
网　　址：http：//www.gdpph.com
印　　刷：广东鹏腾宇文化创新有限公司
开　　本：787mm×1092mm　1/16
印　　张：11.25　　字　数：108千
版　　次：2021年6月第1版
印　　次：2021年6月第1次印刷
定　　价：38.00元

如发现印装质量问题，影响阅读，请与出版社（020-85716808）联系调换。
售书热线：（020）85716826

《红色广东丛书》编委会

主　编：陈建文

副主编：崔朝阳　李　斌　杨建伟　谭君铁

编　委：（以姓氏笔画为序）

　　　　王　涛　刘子健　肖风华　沈成飞

　　　　陈　飞　陈春华　林盛根　易　立

　　　　钟永宁　徐东华　郭松延　黄振位

　　　　曾庆榴　谢　涛　谢石南

总　序

百年征程波澜壮阔，百年大党风华正茂。习近平总书记在党史学习教育动员大会上指出："我们党的一百年，是矢志践行初心使命的一百年，是筚路蓝缕奠基立业的一百年，是创造辉煌开辟未来的一百年。"翻开风云激荡的百年党史，一代又一代中国共产党人，用鲜血和生命浸染了党旗国旗的鲜亮红色，书写了可歌可泣的历史篇章，铸就了彪炳史册的丰功伟绩。一百年来，党的红色薪火代代相传，革命精神历久弥坚，红色基因已深深根植于共产党人的血脉之中，成为我们党坚守初心、永葆本色的生命密码。

广东是一片红色的热土，不仅是近代民主革命的策源地，也是国内最早传播马克思主义、最早成立共产党早期组织的省份之一。在新民主主义革命的漫长历程中，广东党组织在中共中央的领导下，发动、组织和领导广东人民开展了一系列广泛而深远的革命斗争。1921年，广东党组织成立后，积极开展工人运动、青年运动，并点燃农民运动星火。第一、二、三次全国劳动大会连续在广州召开，全国工人运动的领导机关——中华全国总工会在广州诞生。中国社会主义青年团第一次全国代表大会在广州召开，促进了全国团组织的建立、发展。在"农民运动大王"彭湃领导下，农潮突起海陆丰影响全国。

1923年，中共中央机关一度迁至广州，中国共产党第三次全国代表大会在广州召开，推动形成了第一次国共合作，建立了国民革命联合战线，掀起了大革命的洪流。随后，在共产党人的建议下，黄埔军校在广州创办，周恩来等共产党人为军校的政治工作和政治教育作出了重要贡献，中国共产党也从黄埔军校开始探索从事军事活动。在共产党人的提议下，农民运动讲习所在广州开办，先后由彭湃、阮啸仙、毛泽东等共产党人主持，红色火种迅速播撒全国。1925年，广州和香港爆发省港大罢工，声援五卅运动，成为大革命高潮时期一个十分引人注目的重要斗争。1926年，在统一广东革命根据地后，国民革命军在广州誓师北伐，以共产党员为骨干的北伐先锋叶挺独立团所向披靡，铸就了铁军威名。在北伐战争胜利推进的同时，广东共产党组织和党领导的革命队伍迅速扩大和发展，全省工农群众运动也随之进入高潮。

1927年"四一二"反革命政变以后，广东共产党组织在全国较早打响反抗国民党反动派血腥屠杀的枪声，广州起义与南昌起义、秋收起义一起，成为中国共产党独立领导中国革命、创建人民军队的伟大开端。随后，广东党组织积极探索推进工农武装割据，在海陆丰建立第一个县级苏维埃政权，并率先开展土地革命，开启了中国共产党领导人民进行的最重大的社会变革。与此同时，广东中央苏区逐步创建和发展起来，为中国革命的发展作出了不可磨灭的贡献。1931年，连接上海中共中央机关与中央苏区的中央红色交通线开辟，交通线主干道穿越汕头、大埔，成功转移了一大批党的重要领导，传送了重要文件和物资，成为土地革命战争时期党的红色血脉。1934年，中央红军开始了举世瞩目的长征，广东是中央红军从中央苏区腹地实施战略转移后进入的第一个省份，中央红军在粤北转战21天，打开了继续前进的通道，成功走向最后的胜利。留守红军在赣粤边、闽粤边和琼崖地区进行了艰苦卓绝的游击战争，高举红旗永不倒。

抗战全面爆发后，中共中央和中共中央长江局、南方局十分重视和加强对广东党组织的领导，选派了张文彬等大批干部到广东工作。日军侵入广东以后，广东党组织奋起领导广东人民开展敌后抗日游击战争，成立了东江纵队、琼崖纵队、珠江纵队、广东人民抗日解放军、南路人民抗日解放军和韩江纵队等抗日武装，转战南粤辽阔大地，战斗足迹遍及70多个县市。华南敌后战场成为全国三大敌后抗日战场之一，党领导的广东人民抗日武装被誉为华南抗战的中流砥柱。香港沦陷以后，在中共中央的领导

恽代英
广东工农运动领袖

和周恩来等人的精心策划安排下，广东党组织冲破日军控制封锁，成功开展文化名人秘密大营救，将800多名被困香港的文化名人、爱国民主人士及家眷、国际友人等平安护送到大后方，书写了抗战史上的光辉一页。

解放战争时期，在中共中央的领导下，华南地区大力开展武装斗争，开辟出以广东为中心的七大块游击根据地，成立了中国人民解放军琼崖纵队、粤赣湘边纵队、闽粤赣边纵队、桂滇黔边纵队、粤中纵队、粤桂边纵队和粤桂湘边纵队等人民武装，其中仅广东武装部队就达到8万多人，相继解放了广东大部分农村，在全省1/3地区建立起人民政权，为广东和华南的解放创造了有利条件。在广东党组织的配合下，人民解放军南下大军发起解放广东之役，胜利的旗帜很快插遍祖国南疆。

革命烽火路，红星照南粤。广东见证了中国共产党从新生到大革命、土地革命，再到抗日战争、解放战争等革命斗争全过程。其间，毛泽东、周恩来、刘少奇、朱德、邓小平、叶剑英、彭德怀、刘伯承、贺龙、陈毅、聂荣臻、徐向前、李富春、粟裕、陈赓等老一辈革命家和李大钊、蔡和森、瞿秋白、陈延年、彭湃、叶挺、杨殷、邓发、张太雷、苏兆征、杨匏安、罗登贤、邓中夏、恽代英、萧楚女、阮啸仙、张文彬、左权、刘志丹、赵尚志等一大批革命先烈都在广东战斗过，千千万万广东优秀儿女也在革命斗争中抛头颅、洒热血，留下了光照千秋的革命历史和革命精神。广东这片红色热土，老区苏区遍布全省，大大小小的革命遗址分布各地，留下了宝贵而丰厚的红色文化历史遗产。

习近平总书记强调，中国革命历史是最好的营养剂。重温这部伟大历史能够受到党的初心使命、性质宗旨、理想信念的生动教育，必须铭记光辉历史、传承红色基因。我们有责任把党领导广东人民进行革命斗争的光辉历史和伟大功绩研究深、挖掘透、展示好，全面呈现广东红色文化历史，更好地以史铸魂、教育后人，让全省人民在缅怀英烈、铭记历史中汲取砥砺奋进的强大力量，让人们深刻认识红色政权来之不易，新中国来之不易，中国特色社会主义来之不易，确保红色江山的旗帜永远高高飘扬。

为充分挖掘广东红色文化资源的丰富内涵，我们组织省内党史、党校、社科、高校等专家学者，集智聚力分批次编写《红色广东丛书》。丛书按照点面结合、时空结合、雅俗结合原则，分为总论、人物、事件、地区、教育五个版块。总论版块图书，主要综述中国共产党在广东的革命斗争历史概况，人物版块图书主要讴歌广东红色人物，事件版块图书主要论说党领导广东人民开展革命斗争的历史事件，地区版块图书从地市和历史专题角度梳理广东地域红色文化，教育版块图书着力打造面向青少年及党员的红色主题教材。丛书以相关的文物、文献、档案、史料为依据，对近些年来广东红色文化资源研究成果做了一次全面系统梳理，我们希望这套丛书能为党史学习教育、革命传统教育、爱国主义教育提供重要内容支撑。

一切向前走，都不能忘记走过的路，走得再远、走到再光辉的未来，也不能忘记走过的过去，不能忘记为什么出发。站在"两个一百年"的历史交汇点上，我们要更加坚定自觉地学史明理、学史增信、学史崇德、学史力行，赓续红色血脉，传承红色基因，以一往无前的奋斗姿态、风雨无阻的精神状态，推动广东在全面建设社会主义现代化国家新征程中走在全国前列、创造新的辉煌。

《红色广东丛书》编委会

2021年6月

目 录

前　言 ·· 001

第一章　参加国民党"二大" ···························· 005

　　一直"沉默"的恽代英终于发言了。首先，他强调党内纪律问题，认为"两年以来党中发现不少明白违背党的纪律（的）分子，中央执行委员会毫无办法去制裁他们。这就表明我们第一届的中央执行委员会实在太没有力量"。这是与会者第一次听到恽代英这位来自上海特别市党部代表、影响很大的《中国青年》主编的演讲。对于如此尖锐的批评，把矛头直接指向国民党中执委，让许多与会者惊愕不已。

第二章　潮汕之行 ···································· 023

　　他在《旅行潮汕的感想》里写道："在这个时间，我很高兴得着一个与东江各界代表接近的机会。我从他们在会场中的报告，与其他个人谈话的中间，得着许多关于东江民众生活的实际材料。我觉得几乎没有一件材料，不是可以证明我们革命的理论的。我深深感觉我们今日所号召的革命运动，实在是中国一般被压迫民众实际生活上的要求。只可惜宣传革命的人，每每只知根据书本理论，不留心人民实际生活情形，所以不能完全站在唯物的观点上，领导这般民众起来，为他们自己的利益而奋斗。"

第三章　身兼国共两党工作 ·················· 039

"我在近两年来听见广东有许多同志努力革命，已经有了很好的成绩。我常想到广州来看一看，亦很希望我们广州青年同志有一个交换意见的机会，所以今日有这样一个机会，是很为欣幸的。这两年中国革命运动显然有很大的进步，不仅仅在广州，我们已经建设了很巩固的国民政府，便是在中国中部北部许多地方，都有了很多的青年倾向于革命事业，各地方的民众运动一天天更蓬勃起来了。"

第四章　"三二〇事件"前后 ·················· 063

恽代英尖锐地指出"革命党员自身的缺陷"的四种表现：其一，对于革命主义没有真正明了，"自己却不能彻底明了主义，自然不能叫人家明了了"。其二，不实行主义，"不为民众的利益而奋斗"。其三，不注意接近群众，"我们与群众发生了密切关系，群众才能相信我们，而且我们才能有把握的宣传群众。这样革命工作，才有基础，才能成功"。其四，不注意革命势力统一。

第五章　授课、讲演和撰稿 ················· 079

恽代英在这里讲授的"中国史概要",理应与他在其他场合讲授的"中国民族革命运动史"有着内在联系,或者说是后者进一步通俗化的表述。那么这就是一个跨越中华五千年文明的宏大课题。要做到在有限的时间内高度概括、梳理历代兴亡和社会发展的内在规律和特点,并与当下的现实斗争相结合,授课者必须具备渊博的文史知识、开阔的历史视野和洞察事理的分析力、判断力;再能够纲举目张、条理清晰、深入浅出地讲述出来,让来自各地农村的学员能够理解、消化和吸收,这对学贯中西的演说家恽代英来说,游刃有余。

第六章　执教黄埔军校 ····················· 099

随着政治教学工作的加强,教学改革的进行,教育内容的扩展,教育课程由原来的14门增加到26门,恽代英等人的政治教学任务加重了许多,恽代英还亲自编写数种政治讲义:《国民革命》《本党重要宣言训令之研究》《中国国民党与农民运动》《中国国民党与劳动运动》《政治学概论》等。

第七章　参与领导广州起义 ··················· 135

"我知道你们每个人的胸中都埋藏着对国民党反动派的怒火。在九江、韶关,你们两次被反动派解除武装。前天,你们的叶团长告诉你们,反动派又想解除你们的武装，这回我们可不交枪了。今天我们要报仇，要暴动，要起义，要和反动派算账，要讨还血债，要夺取政权，建立自己的工农民主政府。你们要勇敢战斗，解除敌人的武装，取得暴动的胜利。"

前言

前 言

恽代英（1895—1931），祖籍江苏武进（现常州市），1895年8月12日，出生于湖北武昌。他是中国共产党早期领导人之一，著名的理论家、教育家和青年运动的领袖。1917年10月，他发起成立互助社，积极从事新文化运动，是武汉五四运动的主要领导者。1920年2月，创办利群书社，热情宣传新思想、新文化和马克思主义。1921年7月，创建共产主义性质的革命团体共存社，同年加入中国共产党。1923年任中国社会主义青年团中央执行委员、宣传部主任，创办和主编《中国青年》。1925年，参与领导五卅运动。1926年1月，在国民党"二大"当选为中央执行委员；5月，任黄埔军校政治主任教官兼中共党团干事。1927年1月在武汉，实际主持武汉中央军事政治学校（又称黄埔军校武汉分校）工作。在中共"五大"和中共六届二中全会上均当选为中央委员。他是南昌起义前敌委员会委员，参与领导南昌起义。1927年12月，参与领导广州起义，任广州苏维埃政府秘书长。1928年6月，到上海，先后任中共中央组织部和宣传部秘书长，曾主编党中央机关刊物《红旗》。1930年，相继任

1918年暑假，恽代英（右一）大学毕业，与父亲（坐者）、四弟代贤（左二）、小妹代康（左一）合影。

中共沪中、沪东区委书记，同年5月6日，在上海被国民党当局逮捕。1931年4月29日，英勇就义于南京，年仅36岁，留下遗著《恽代英全集》（1—9卷），近300万字。

第一章 参加国民党"二大"

第一章

参加国民党"二大"

第一次国共合作期间,恽代英坚决反击国民党右派的恶毒攻击,维护广州国民党中央的地位和威信,因此,他强调指出:"中国的革命运动开创了一(个)新纪元,虽然有一般帝国主义者及其走狗们对于广州政局还有各种污蔑讥议,然而在大多数人的心目中间,都俨然承认国民党与广州政府是中国民族革命运动的中心。"1925年11月7日,恽代英发表《革命的广州》(《中国青年》第101期),作出了如此高度评价,并且强调广州"在最近数年来就已成为中国革命运动的根据地!"恽代英发表此文一个月后(同年12月下旬),第一次南下广州,参加国民党"二大"。

事前,国民党右派在北京西山碧云寺开会(即"西山会议派"),反对孙中山的三大政策,并占据上海环龙路44号(今南昌路180号)国民党上海执行部所在地,悍然对抗广州的国民党中央执委会,宣布开除已经加入国民党的共产党员,第一批名单中有国民党上海执行部宣传部秘书恽代英等共产党人。

中共中央为了反击国民党右派的猖狂进攻,指令恽代英、茅盾(沈雁冰)筹备组织国共合作的国民党上海特别市党部执委会(简称上海特别市党部)。1925年12月,上海特

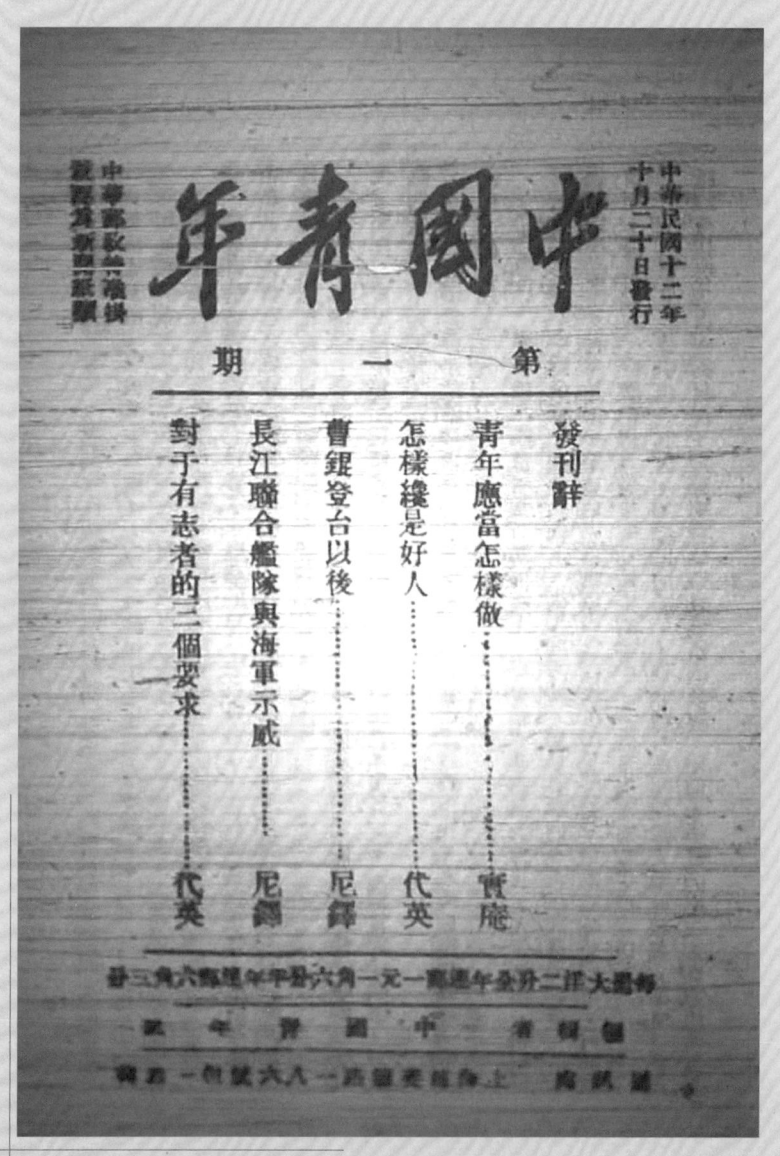

恽代英主编的《中国青年》创刊号

第一章

参加国民党"二大"

别市党部成立，地址在贝勒路（今黄陂南路）永裕里81号，恽代英担任主任委员兼组织部部长，茅盾为宣传部部长，张廷灏为青年部长（时为共产党人，后叛变）。他们三人和其他人员被选为出席国民党"二大"代表，但是遭到"西山会议派"否认。"西山会议派"另选了一批人，并在他们把持的上海《民国日报》头版上，煞有其事地刊登有关启事。

恽代英、茅盾、张廷灏、吴开先（曾为共产党人，后为国民党中央执委）等人同船南下广州。大家都不懂广东话，觉得很为难。恽代英劝说道：大会代表来自各省，都能说蓝青官话（旧称夹杂别地口音的北京话；蓝青，比喻不精纯），广东省的代表居少数，我猜想这少数广东代表一定也是走南闯北的人，能听懂蓝青官话，语言不通这件事，不必考虑。茅盾等人还是不放心，觉得大会代表之间不免有来往，所以印了名片，后来在大会期间果然用上了。

张廷灏负责定船票，是虞洽卿开办的三北轮船公司的"醒狮号"的官舱票，预定在1925年元旦半夜开航。张廷灏先到该船上查看，发现官舱在船尾，从甲板上看下去，官舱好像是一个大黑洞，猜想一定又闷又黑，条件差。据一个船员介绍，他们住的房间可以借用，在大餐厅旁边，又通风，光线又好。张廷灏又查看了一下，觉得比较满意，屈指算算，退掉官舱票，付给西崽船员的钱款后，还有节余，他很得意，便付了定金。但是，一个水手告诉他，西崽头目说不准借用西崽船员房间，张廷灏一听泄气了。后来水手又说他们的房间可以借用，条件不错，不过要先付定金，遭到张廷灏拒绝。张廷灏与吴开先一起去找原来收下定金的西崽船员，双方争执起来。恽代英上船来，叫大家不要浪费时间，因为离开船还有六七个小时。张廷灏转了一圈，退票不成，回到水手房，不见恽代英等人。水手告知，船长有令，水手房间也不准借用。

那个水手说："你的同伴都在下面。"张廷灏苦笑着，只好从黑洞口的小扶梯下去，却听到4个同伴哈哈大笑，恽代英讽刺说："西崽做不成，水手也做不成，还是做了官。"原来官舱是一人一间，每间都有窗洞，并非暗无天日。

不过张廷灏带来新消息，吴玉章带领的四川代表团是在元旦到达广州的，此时的大会筹备工作尚未积极进行，四川代表团帮着做大会筹备工作。恽代英等人原来并不清楚大会召开的具体时间，估计船行六天，在汕头还要卸货一天，到广州只能赶上大会的最后阶段了。听了消息后，大家松了一口气，推测还能赶上大会开幕式。但是，到了广州，恽代英等人才得知大会已经召开数日。

恽代英等人到大会秘书处（吴玉章为大会秘书长）报到后，被安排在一个旅馆里。恽代英和茅盾又去会见中共广东区委书记陈延年。

陈延年是陈独秀的长子，从莫斯科东方大学回国后，作为团中央特派员到广州，主持团广东区委改组工作。后因周恩来随黄埔军校学生军东征，时为广东区委秘书的陈延年接替主持

第一章
参加国民党"二大"

工作。陈延年早就听说恽代英、茅盾两人，见到他俩很是热情，介绍大会有关情况时还不时蹦出几句惯用的广东话。

恽代英还参加了这次大会的共产党、青年团内部有关工作。负责此项工作的是张国焘，他从上海赶来参加国民党"二大"，公开身份是中央候补执委一职。张国焘并非这次大会的正式代表，坐在"中央委员特别席"上，一旁还有宋庆龄等人。会议期间，恽代英听张国焘主持党团内部会议，知道了许多内情。

国民党"二大"召开之前，左右派斗争异常激烈。"西山会议派"的倒行逆施，遭到国民党中央和地方党部的坚决反对。与"西山会议派"有联系的孙文主义学会加紧活动，他们在广州二沙头魏邦平家里召集200多人的大会，对即将召开的国民党"二大"提出四项主张：凡国民党员不准加入其他的政党；跨党党员应无被选举权；凡国民党员不能宣传其他主义及政党；以上三项以学会名义提出，如果大会不接受，则用手枪对待反对的人。

同时，共产国际代表维经斯基收到莫斯科有关指示后，与回到北京的加拉罕（第一任苏联驻华大使）商量，执行莫斯科方面的"退让"新策略，着手筹办一场特殊的上海谈判，准备"以其矛攻其盾"——以"分化"反分裂，"联络中派以搅垮西山会议派的组织"。

12月24日中午11时，在上海苏联总领事馆里，陈独秀、张国焘、瞿秋白与"西山会议派"代表邵元冲、叶楚伧，以

国民党右派召集会议

第一章
参加国民党"二大"

及"中派"孙科商谈党务。陈独秀首先发言，表示中共没有包办国民党事务的意图，而且反对这种意图。中共中央已通知各地党部，多推选国民党人士出席国民党"二大"；中共亦不希望在大会的中央委员改选中，增加中共方面的人数。他还解释说，至于广东方面的情形，事实上并不如外间所谣传，要排斥某些人士参加。

会谈气氛稍有缓和，瞿秋白现场翻译成俄文，维经斯基听后点头示意。双方会谈后达成一些协议，由孙科等人致电汪精卫，维经斯基致电鲍罗廷，陈独秀则负责通知广州的谭平山。此后，苏联驻华大使加拉罕又催促维经斯基与陈独秀等人商量，按照上海谈判的协议，立即给中共广东区委和鲍罗廷发出关于国民党"二大"的"退让"指示。

对于这次会谈，维经斯基认为有所收获。但是，鲍罗廷很恼火，责问前去广州参加国民党"二大"的张国焘，"为什么广东方面将那些阴谋破坏革命的国民党右派分子驱逐出去，现在却又将他们请回来？"他讥讽中共中央与孙科等所达成的协议是"要不得的安抚政策"。瞿秋白对此谈判一直耿耿于怀，在中共"六大"上作政治报告时说："国际代表伍庭康（即维经斯基——引者）在他回国上船之前，忽召集我们（独秀、国焘、秋白）去和孙科、邵元冲、叶楚伧谈话。说我们在第二次全国代表大会（国民党的）上，决不要三分之一以上之中央委员等等，……给国民党让步。这是很错误的。三月二十号广州的事变就是这种让步中形成了。"

广东咨议局（时为国民党中央党部）

第一章

参加国民党"二大"

国民党"二大"在清末广东咨议局楼下大厅（以下统一称为中央党部大礼堂）里举行。咨议局现位于今中山三路广州起义烈士陵园内，即广东革命历史博物馆（广州近代史博物馆）。其为一组中西合璧的建筑群，坐北朝南，建于宣统元年（1909年），由日本留学生金浦崇、金浦芬捐建。除了原有的一些附属建筑均已被毁之外，现存有主楼，这是仿照西方古罗马式的议会大楼形式，前圆后方，大厅屋顶为半球形，八柱环列，空间开阔，有内外回廊，大门入口被改建为罗马式的四条大圆柱，很有气派。

孙中山多次莅临此处，1921年5月5日，孙中山在此就任中华民国政府非常大总统，发表就职宣言。这里也是国民党中央党部新搬来的所在地，毛泽东担任国民党中央宣传部代理部长时，就在此处二楼办公。这里多次举行重要会议和活动，先后出现过国共两党要人的身影。

参加国民党"二大"的代表250多人，共产党和国民党左派各占三分之一，占据优势。恽代英、茅盾等人"迟到"，虽然错过了几天前的汪精卫、蒋介石等人的报告，但是看到了《广州民国日报》上陆续刊登的一些情况，并且经历了大会后面大部分的议事议程。

这次大会汇集了国共两党要人，在恽代英心目中留下了深刻的印象，其中对毛泽东的印象尤为突出。恽代英与毛泽东原来在国民党上海执行部就已相识。毛泽东先后担任组织部秘书、文书科代理主任，与宣传部秘书恽代英等共产党人互相配合，共同战斗。毛泽东以国民党中央执委会候补委员身份参加这次大会，在1月8日下午向大会作了宣传报告，总结了两年来在办报刊、宣传等方面所取得的成绩。这是恽代英、茅盾等人第一次在这次大会上聆听毛泽东的报告，其中有部分内容，恽代英比较熟悉，甚至是亲身经历的。第二天，大会主席团推选毛泽东与邵力子、陈其瑗、朱季恂、范鸿劼组成宣传报告审查委员会，对宣传报告进行审查并提出决议草案。1月18日，毛泽东代表宣传报告审查委员会向大会作审查报告，得到大会通过。毛泽东还与丁君羊、侯绍裘等5位代表，受大会主席团指定，修改农民运动决议案。

毛泽东所作的宣传报告和参加修改的《农民运动决议案》都强调"农民运动"的重要性、迫切性和必要性，鲜明地体现了与中国革命实际相结合的特点。恽代英深有同感，之后留在广州工作近一年期间，更得以进一步切实感受，还撰写了不少有关宣传工作等重要文章。恽代英不仅与毛泽东多次一起列席国民党中央常务会议，谈论有关问题，并且应邀前去毛泽东主持的第六届广州农民运动讲习所讲课，还共同参加了其他相关活动。

由于传来了上海谈判的消息，汪精卫、蒋介石的态度发生了微妙变化。因此对于"西山会议派"等国民党右派的处理问题，在这次大会上引起很大争议，成为焦点之一。有的主张宽大处理，有的认为要严厉处分，开除党籍，有的含糊其词，模棱两可。至于共产党人以个人名义参加国民党的

第一章
参加国民党"二大"

"跨党"问题,则成为国民党右派恶毒攻击的重点,同时也牵连"西山会议派"在上海非法成立中央执委的事,这些都是大会的敏感问题。恽代英作为新成立的上海特别市党部主任委员兼组织部部长,一直密切关注各位代表的发言。

1月18日,在讨论共产党员以个人名义加入国民党问题时,张国焘、毛泽东、高语罕、范鸿劼等人先后发言,张国焘再次发言时认为:"我们现在要注意的,是中国要不要国民革命。……若说共产党员想消灭国民党,共产党员不是三头六臂,固然没有这种本事,也没有这种心事的。""说及秘密一层,我以为在中国今日情况之下,不特共产党要守秘密,即国民党在许多地方也还要守秘密。从前国民党吃许多亏……就在太过(于)公开,失了革命性,是很明显的一例。"

第二天(1月19日)下午,举行大会闭幕仪式,秘书长吴玉章主持会议,摇铃示意开会,汪精卫致闭幕词,随后韩麟符、高语罕等先后发言。高语罕(共产党人,与陈独秀关系甚密)在这次大会上很活跃,发言犀利,以后在黄埔军校与恽代英共事,两人与邓演达、张治中一起遭到军校右派分子的恶毒攻击,被称为"四凶"。

高语罕发言时赞扬这次大会代表"自朝至晚缺席是很少的",表明"大家都真是为要革命而来的"。"我们昨天所讨论共产党加入国民党的问题,不是平常以为是最难解决的问题吗?当这个(提)案提出的时候,我真是要捏一把汗,以为不好了,这个问题又来了。可是自从一位同志很诚恳的提出,大家都平心静气的来讨论。后来许多同志说出共产(党)不能公开的苦衷,这个提案的同志也把(提)案收回了。这真是大会最好的精神!"话音刚落下,全场响起热烈掌声。

一直"沉默"的恽代英终于发言了。首先,他强调党内纪律问题,认为"两年以来党中发现不少明白违背党的纪律(的)分子,中央执行委员会毫无办法去制裁他们。这就表明我们第一届的中央执行委员会实在太没有力量"。这是与会者第一次听到恽代英这位来自上海特别市党部代表、影响很大的《中国青年》主编的演讲。对于如此尖锐的批评,把矛头直接指向国民党中执委,让许多与会者惊愕不已。

事前,中共广东区委和团区委认为:绝对不能与国民党右派妥协或让步,一定对他们采取进攻的政策。鲍罗廷与周恩来、陈延年等人准备采取"进攻"政策,商定在国民党"二大"上打击右派,孤立中派,扩大左派。但是,这些方案明显与维经斯基等人"退让"要求有抵触。后者认为:"广州的同志在12月底对全国形势的认识是完全错误的,没有看到反动派发起的总攻,而期待着不久会出现国民革命的高潮。"因此,中共中央陈独秀等人便派特使张国焘来广州"纠正"。

显然,恽代英赞同"进攻"策略,明确指出:"中国革命是很需要一个更有力量的党,很需要一个真实能够有严整

第一章

参加国民党"二大"

的纪律,而能实践各种决议案,为民众利益奋斗的革命党。"并且严厉批判国民党右派,"我们正在剧烈反对冯自由、谢持、邹鲁的党。……至于有相信冯自由、谢持、邹鲁的主义的人,我们请他走开,我们希望第二次大会以后再没有这等人。各位请看,冯自由跑了,广东便好了,我们要冯自由这等人做什么呢?他们不是真正忠心于总理(孙中山——引者),忠心于三民主义,忠心于本党的。今天上午我们把这些人开除了许多,亦只是为这个原因"。恽代英最后坦陈说道:

那末,我当真是永远忠心于本党的事吗?也不一定。如果本党丢了三民主义,我便要反叛起来,这是没有什么客气的。我的入党是因为想做官吗?想认识某要人吗?我完全是因为国民党能反对帝国主义、军阀,为被压迫农工利益而奋斗所以来的。如果国民党会有一天和帝国主义妥协,和军阀勾结,和大多数的农工反对,这是冯自由的国民党,已经不是总理(孙中山——引者)的国民党了;到那时,我一定起来反对,和现在反对上海的伪中央执行委员会一样。

总而言之,各位同志不要管我是不是共产派,只要问我是不是实行三民主义。如果有违背三民主义去做反革命的事情,便马上可以拿去枪毙。如果没有,便不能开除。我的理由在这里说得很明白了,如果你说我是共

出席国民党"二大"的代表们

第一章 参加国民党"二大"

产派,我这个共产派便是这样主张的。

恽代英的发言,铿锵有力,掷地有声,毫不掩饰自己的观点,最后公开宣称自己的"共产派",毫不畏惧将随时带来的严重后果,甚至不畏惧献出宝贵的生命。这既是恽代英首次到广州,在如此重要的政治舞台上第一次"亮相",也是他作为"跨党"的共产党人的一个誓言,鲜明地展现了他的高风亮节、光明磊落、豁达大度的一贯作风,令人钦佩,只有在场的国民党右派暗暗叫苦,又来一个"共产派"的厉害角色。5年后,恽代英被背叛孙中山三民主义的蒋介石残忍杀害,以年轻的生命和鲜血实践了自己的诺言:"我这个共产派便是这样主张的。"

多年后,茅盾还感叹说:"我们上海代表团的恽代英在大会上作了演讲。恽代英是个大演说家,可以连讲两小时,讲者越讲越有精神,听众也始终静听,时时报以热烈的掌声。"

经国民党左派人士和共产党人的共同努力,国民党"二大"确立以坚持国民党"一大"基本纲领和联俄、联共、扶助农工的三大政策作为今后工作的基本方针,并通过《弹劾西山会议决议案》,开除邹鲁、谢持等人党籍,责令戴季陶反省。但是,处理邵元冲、叶楚伧等人时,汪精卫等表示要宽容,共产党代表也作了让步,孙科、戴季陶、胡汉民等当选为国民党中央执委或监委会委员。

这次大会选举产生36名中央执行委员，恽代英与谭平山、李大钊、林伯渠、吴玉章、杨匏安等7名共产党人入选。候补执行委员24人中有毛泽东、邓颖超等7名共产党员。

　　中共广东区委员会发表《对中国国民党第二次全国代表大会宣言》，希望大会"能使国民党在左派领导之下发展（为）一个群众的政党，能使广东的革命基础扩大到全国！"

第二章 潮汕之行

第二章

潮汕之行

国民党"二大"上,蒋介石成为风头正劲的重要人物,进入国民党中央执委会高层决策圈。恽代英等人还未赶到广州之前,蒋介石报告军事状况,其中谈到他指挥的两次东征军的功绩,显得洋洋得意。

1925年11月,国民革命军第二次东征军枪炮硝烟散去,收复潮汕后,周恩来作为东征军总指挥部政治部主任立即电告广州国民政府,建议国民政府制定更新潮汕行政和统一军民财务的方针。不久周恩来被任命为广东东江各属行政委员,管辖惠(州)、潮(州)、梅县和海陆丰下属25个县的行政工作,这是第一个由共产党人主持的革命政权。

根据周恩来提议,中共广东区委决定成立潮梅特委(后改为中共汕头地委),以赖先声为书记,刘锦汉负责组织部,丁愿负责宣传部,杨石魂负责工人运动,彭湃负责农民运动,邓颖超(周恩来的新婚妻子)负责妇女运动。

1926年2月1日,广东东江各属行政公署成立,周恩来宣誓正式就任行政委员。同日,周恩来在汕头市永平酒楼召开汕头市各界代表会议,周恩来作了革命政府施政方针的报告。他在公署里挥笔题词:"扰乱中国的两大障碍物:一个是国际帝国主义,一个是国内武人政治,我们民众要期统一与和平,须要打破这两大障碍物。"题词落款处盖上"东江各属行政委员"的红色印章。题词中的"两大障碍",以后也出现在恽代英第一次到黄埔军校演讲的《革命之障碍》等文中,并且作了进一步发挥,他从主观——"革命党员自己的缺点"和客观——"社会方面的妨害"两方面进行阐述。

经过一番紧张的筹备工作之后,周恩来电约恽代英前来汕头,参加东江各属行政会议。"我因为趁周恩来同志电约参与东江各属行政大会之便,在汕头、潮州逗留半月之久。"恽代英在《旅行潮汕的感想》(以下引文均为此文)开头写道,欣喜之情跃然纸上,这是他与周恩来第一次在广东相见,事前他俩在不同报刊上得知对方。

汕头,位于广东省东部,韩江三角洲南端,北接潮州,西邻揭阳,东南濒临南海。汕头是全国主要港口城市,汕头港于1860年开埠,素有"岭东门户、华南要冲"美称。恽代英写道:"汕头为中国南方重要商港,就国际贸易的地位言,仅次于上海、天津、大连、汉口、青岛、广州,其出入口货物价值,每年在关平银八千万两以上。"

广州至汕头的客船广告,在《广州民国日报》等报刊上经常出现,"本号有坚固快捷钢板轮船名常川,来往省汕,仓位宽洁,招呼妥善,贵客附货搭船请到……"

2月13日大年初一,恽代英留在广州工作,第一次在南粤过春节,领略了这里热闹的民俗气氛。元宵节之前,2月

第二章
潮汕之行

22日，恽代英穿着陈旧的灰布长袍，一副儒雅的模样，戴着深度眼镜，闪烁着睿智的眼神。他与其他特邀嘉宾出现于汕头，受到周恩来等人的热烈欢迎。

东江各属行政委员公署设在一所学校里，该校最初为"同庆善堂"旧址，后由台湾（祖籍广东蕉岭）爱国志士丘逢甲在此设立岭东同文学堂，这是汕头市新式学校之始，后改为岭东甲种商业学校，实行"三三制"教学。该校是一处三进加后院的砖木建筑，由山门、前殿、正殿、厢房、套间、外院、里院等组成，占地面积2500平方米。现为汕头市外马路第三小学校址，被列为广东省重点文物保护单位、汕头市爱国主义教育基地。

2月22日至3月3日，周恩来在这里主持召开东江各属行政会议，参加会议的有所属各县（市）县长、教育局局长，以及农、工、商、学、妇等团体的代表95人，特邀代表有杜国庠（林伯修）、恽代英、刘尔崧、彭湃、赖先声、邓颖超等，共百余人。这期间，《广州民国日报》进行追踪报道，接连刊登这次会议的有关情况。

> 周恩来召集东江各属行政大会，于二月廿二日开会，各情经见报载。兹据汕讯纪述是日开会情形如下：二月廿二日东江各属行政大会，在岭东商业学校举行开幕典礼。会场门口，悬一生花（匾）额，上书"东江各属行政大会"，两旁缀以"革命尚未成功，同志仍须努

东江各属行政公署旧址

第二章
潮汕之行

力"一联。（会）议场中，高悬中山先生遗像，周围缀以生花、纸花、彩电灯，满贴革命标语，极其庄严灿烂。其席次（有）主席团，两旁有新闻记者席，前为代表席，次为旁听席，速记（员）及秘书（席），则在主席之两侧。特聘代表席在代表（席）之前。开会秩（次）序：（一）摇铃开会；（二）绥靖委员及行政委员就席；（三）代表就席；（四）向国旗、党旗及总理遗像行三鞠躬礼；（五）何委员宣读总理遗嘱；（六）周委员致开幕词；（七）何委员、范市长、江县长相继演说；（八）摄影；（九）摇铃散会。

报道中的"何委员"即何应钦，国民党"二大"的中央执委候补委员，蒋介石部下的"八大金刚"首要人物。国民革命军第二次东征时，何应钦担任第一军第一师师长，周恩来为该师党代表，该师东征时立下汗马功劳。此后，何应钦兼任潮汕善后督办，升任第一军军长兼潮梅绥靖委员、潮梅警备司令，因此，由他来"宣读总理遗嘱"，并第一个发言。

恽代英是国民党中央执委，耐心地听着何应钦这位炙手可热的要人谈论一番。事前（1926年2月8日）召开中央常委第三次会议时，恽代英听了何应钦就任第一军军长一职的报告。同年5月，恽代英奉命调入黄埔军校（已改名为中央军事政治学校）担任政治主任教官时，何应钦则兼任该校教育长，他俩成为分工不同的该校高层人员。

以上报道中提及相继演说的"范市长、江县长",是汕头市市长范其务、梅县县长江董琴。事前,周恩来整顿东江地方政权时,撤销勾结工贼、携款潜逃的汕头市代理市长陈个民的职务后,多次电请广东省政府令范其务前来就职,并且下令将饶平、澄海、梅县等反动县长撤职,委任温其藩、罗师扬、江董琴等担任县长,他们大多数是国民党左派或中派人士。

周恩来主持召开的东江各属行政大会,收到各种提案及计划书近300件,报告书及调查报告250多件。经过代表们的认真讨论,会议最后制定了发展东江经济建设、民政、商务、教育、妇女、农工等议案90多项。这次会议体现了国共合作统一战线政策,首次体现在政权建设中,并进行了创造性实践。此后,虽然周恩来奉命调回中共广东区委,使得许多计划未能落实与实现,但是这次会议在东江革命历史上写下了重要的一页。

东江各属行政大会闭幕那一天(3月3日),汕头还举行了潮梅、海陆丰各县市党部代表第二次大会开幕典礼。该会议因故延迟举行,会议地点在汕头绮绿花园路震东中学。

会场布置　会场头门,以生花缀成一(匾)额,文曰"潮梅海陆丰各县市党部第二次大会",双重半月形,两边伴以生花联,文为"革命尚未成功,同志仍须努力"。会场中高悬孙总理遗像,国旗、党旗交挂于其上,下亦配以"革命尚未成功,同志仍须努力"一联,全场

第二章
潮汕之行

缀以生花、纸花及周番旗,四周贴满革命标语。代表席设在中间,秘书长席在主席之偏旁,主席之侧为中央委员会及潮梅特别委员席,速记席在代表席之前,来宾及旁听席,则在代表席之后及两旁。

这一天开幕式,实际到会有各县市代表28人(南澳、海丰两县无代表出席),以及潮梅特别委员范其务、赖先声、邓颖超、杨石魂等人。原来拟定的开幕时间为3月1日,按照议事日程,周恩来、何应钦、恽代英三位主角到场并演讲,但是均未到场(仅有中央监察委员陈璧君到场),显然还在参加同一天的东江各属行政大会。

第二天(3月4日),继续开会。上午,周恩来作政治报告,何应钦作军事报告。下午,恽代英、江董琴、范其务、邓颖超等分别解释国民党"二大"宣言和决议案。与会者一致表示谨代表潮梅、海陆丰45000多名国民党员,接受国民党"二大"宣言和决议案。会议的第三天(3月5日),上午,各地代表作报告;下午,通过各地党部报告决议案,及各代表提案15项。随即此次大会闭幕。与会代表将携带各种宣传品,赶回各县筹备纪念孙中山逝世周年大会,并进行整顿各级党部组织等。

在汕头召开的两次会议期间以及其后的日子里,恽代英"在汕头潮州逗留半月之久",进行了各种调查,许多前来开会的代表都成为他的谈话对象,包括中共潮梅特委书记赖先声、彭湃等人。他在《旅行潮汕的感想》里写道:"在这个时间,我很高兴得着一个与东江各界代表接近的机会。我从他们在会场中的报告,与其他个人谈话的中间,得着许多关于东江民众生活的实际材料。我觉得几乎没有一件材料,不是可以证明我们革命的理论的。我深深感觉我们今日所号召的革命运动,实在是中国一般被压迫民众实际生活上的要求。只可惜宣传革命的人,每每只知根据书本理论,不留心人民实际生活情形,所以不能完全站在唯物的观点上,领导这般民众起来,为他们自己的利益而奋斗。"

恽代英在四川任教时,曾利用寒暑假组织师生成立巡回演讲团,宗旨是"提高人民智识,使人们明了社会实际情况,求正当解决生活的方法,多注重鼓吹社会主义"。演讲团历经一个多月,在川南地区往返行程2000多里,演讲几十次,引起很大的反响。"零距离"接触广大工农群众,进行各种社会调查,成为恽代英一贯优良工作作风的重要特点之一。

东江各属行政大会期间,恽代英调查时关注当地工农运动、商业经济、教育事业等问题,他认为:"东江工农运动自东征军到后,虽极力提倡保护,然因同志有工作经验的很少,而一般残余的反革命势力——政客、劣绅等,设法混入工农运动中,故工农群众亦有表面在他们的旗帜之下的。但就我观察,所以他们能够还有一点力量,不出两个原因。一个原因是由于现在还有许多不属于任一职业的工会,或容许同一职业的人设两三个不同的工会。因为这样,所以不容易唤起工人的阶级自觉,不容易使他们为自己共同利益而奋斗，打倒一切利用欺骗他们的人。一个原因是由于现在工农群众为自己利益的经济争斗还不会起来，所以人家还容易拿各种非阶级性的话头来迷惑他们，潮州工人团体甚至申明愿意牺牲工人自己利益，反对阶级斗争，亦有别的县分（份）的农民加入与地主混合之团体的。"

恽代英不愧为《中国青年》主编，敏感地发现其中存在的问题，并举出具体事例，鞭辟入里，分析得当，击中要害，这也是周恩来邀请他来的目的之一。事后，汕头社会各界不仅成立国民促进会，还派出各界代表团到广州，与有关方面接触和座谈，促进汕头各方面开展工作。

恽代英还特地到汕头北边的潮州去调查，汕头、潮州之间已通铁路，潮州是历史文化名城、粤东地区文化中心。恽代英以上提及"潮州工人团体"情况，除了中共潮梅特委书记赖先声、杨石魂（负责工运）知道有关情况之外，还有柯柏年（原名李春蕃）也知道不少内情。柯柏年时为东江各属行政委员公署社会科副科长（后为著名马克思主义著作翻译家），负责农运、工运。他是潮州人，曾就读汕头中学，后到上海大学社会学系学习时，经同学杨之华（后为瞿秋白夫人）介绍，加入中国共产党。恽代英曾执教上海大学社会系，与柯柏年有师生情谊。1926年夏，柯柏年被调到广州，任国民革命军第三军政治教官，并协助张太雷编辑中共广东区委机关刊物《人民周刊》，该刊发表了恽代英不少文章。

潮州设有黄埔军校潮州分校（后为中央军事政治学校潮

中央军事政治学校（黄埔军校）潮州分校

第二章
潮汕之行

州分校），地点在潮州湘太马路（今中山路）李厝祠。分校校长是蒋介石，何应钦任教育长兼代校长，周恩来兼分校政治部主任，王昆仑为秘书（后为全国政协副主席、中国国民党革命委员会中央主席），周恩来还聘请了李春涛（国民党左派，周恩来称之为"党外的布尔什维克"）及其堂弟柯柏年等到校讲课，此后又聘请黄埔军校熊雄、恽代英（讲授社会发展史）、萧楚女等共产党员为政治教官。潮州分校自1925年12月正式开办，至1926年底结束，共举办两期学员培训班，为北伐军输送了800多名学员。

恽代英在汕头、潮州调查时，还关注"拖欠军饷"的问题，他认为："东江有个比较严重的问题，便是有三个月没有发军饷了，兵士甚至没有钱剪发洗衣，有一二处甚至有私谋哗变的事，幸而事先都被破露了。这个问题听说军事委员会已经注意到，而且因为整理财政的结果，已经有把握可以解决了。"

"拖欠军饷"是牵涉到各个方面的严重问题，其内情非常复杂。恽代英则是从正面引导，认为"拖欠军饷"问题，"今天所以还不能完全免除这种弊病，只是因为一方取消了苛捐杂税，一方整理财政还没有收完全的功效，而且即如军队里面亦还不能尽免浮支浪费，厚官长而薄士兵等积习。然而凡革命的左派，都是要积极与这些弊病奋斗的。革命的势力进步，财政的整理便进一步。军队中积习亦便可以扫除，渐至净尽。兵士群众应当为自己的利益赞助革命的左派。倘若兵士懂得这个道理，他们可以从各方面的观察，加增他们信任革命的左派的心理，为什么怀疑兵士是不革命的呢？"这番话有多重含义，其中有"拖欠军饷"棘手问题的某些根源，包括军队改编为国民军后依然存在的旧军阀恶习，"积重难返"，折射出国民党中央执委会、广州国民政府畏难不前的心态。

对于东江的教育问题，恽代英很重视，这直接牵涉到他主编《中国青年》的广大青年、学生读者。他说："东江的学校，由政府拨经费是很少的，他们学校每系书院改办，故学校有田地房屋等校产可以靠收租款维持学校。东江方面校产最丰富的，要推潮州金山中学。"

潮州金山中学位于潮州古城之北、韩江之滨、金山之上，国学大师饶宗颐曾就读此校，现为该校初中部（潮州市金山实验学校），高中部的新校区位于韩江东岸的东山路中段。

恽代英经调查后，很同情该校的穷苦学生，认为"现在金山中学学生每年缴学费杂费每人二十元左右，四百余人共缴九千余元，学生每因筹费困难，不易读到毕业。然而学校房屋破烂无钱修治，想扩张班次或办高级中学，亦苦于无可筹措经费。其实我们若能打倒这班把持校产之绅董，废除无理不平等的契约，纵然完全豁免学生学费，还尽有余钱整理扩张学校"。

该校有团广东区委指导的"新学生社"支部；"新学生社"在广州设有总社，各地设分社，到1926年春，该社社员人数发展到2500人，其中广州有900人。

1925年冬天，潮州金山中学发生"驱黎"（驱逐校长黎

第二章
潮汕之行

贯）风潮，起因则是告发吴鸣藻（潮安人，金中教员，并为教育会长）侵吞校款。对此，该校学生中产生潮籍、客籍不同派别的不同意见。周恩来闻讯后，曾派员前去处理。中共潮梅特委委员杨石魂、郭瘦真（曾任团广东区委书记、宣传部部长，帮助成立团潮梅工委会等）特地到校召集40多名学生代表会议，解释了此风潮真正意义和单独"驱黎"的错误（因如此只是一种排外举动，而且对于学生并没有多大利益），同时认为客籍学生的四点主张是正确的。经过一番说服，潮籍、客籍双方表示愿意合作。对此，团汕头地委有专题报告，分析了该校"驱黎"风潮，决定发表"新学生社"金山中学支部对"驱黎"宣言，主张"驱黎"，驱逐恶劣教员，整理校产，财政公开，取消董事会，参加校务等。

恽代英"劝金山中学的同学，大家起来，与教职员同力合作，打倒压迫他们自己的'土豪劣绅'，废除束缚他们自己的'不平等条约'，他们很赞成我这个意见"。显然，恽代英与该校一些学生代表交谈过，并提出自己的意见。恽代英还希望该校学生团结起来，"无论左派、右派都（应）赞成这种为自己利益而奋斗的"。并且进一步提出："东江学校受这种绅董之害的岂止金山中学，若我们能唤醒每校同学，都起来为谋自己减免学费，改良学校，与这种绅董决战，谁个愿做右派？而且谁个敢做右派呢？"这也是对广东省广大学生提出的要求。

恽代英这次汕头、潮州之行，是他留在广州工作后首次外出调查，受益匪浅，特别是东江各属行政委员公署及周恩来主持的行政大会，这是一个前所未有的新生事物。恽代英如果去参观黄埔军校潮州分校，那么则是为他几个月后执教黄埔军校提前留下"第一印象"。同时，他"零距离"调查的各方面情况，撰写的《旅行潮汕的感想》一文便是一个小结，或者是向周恩来递交的一种报告，见证了他俩在广东的"首次合作"。这些不仅为恽代英在广东从事国共两党有关工作打下一个初步基础，而且这些"第一手"资料引申的许多话题，以后体现在他撰写的有关文章里，有些发表于《中国青年》，产生更广泛的影响。

第二年夏天，恽代英再次踏上潮汕地区这片热土时，那是他跟随南昌起义军南下的结果，并与其他战友一起建立了历时7天的"潮汕七日红"的革命政权。

第三章 身兼国共两党工作

第三章

身兼国共两党工作

国民党"二大"结束后，恽代英在广州身兼国共两党的工作，对外公开是国民党中执委，列席国民党中央常委会议，并参加有关工作，同时以团中央宣传部主任身份指导广东区委的青年运动工作。

两年前，国民党"一大"召开时传来了列宁逝世的消息，新选出的国民党中央执委会在广州第一公园隆重举行"列宁追悼大会"，祭坛上方横挂着孙中山祭幛一幅"国友人师"，孙中山和苏联顾问鲍罗廷等人出席，孙中山主祭，并带领到会者向列宁遗像三鞠躬。因此，国民党"二大"之后也举行纪念列宁大会，并把李卜克内西和罗莎·卢森堡纪念活动一起举行，这也是秉承孙中山遗志的一种表现。

1926年1月21日，严寒细雨侵袭广州，在广东大学操场上，广东各界500多个团体10多万人，隆重举行纪念列宁大会。会场中间为军政集合地，西边为商学集合地，东边为工农集合地，均设有演讲台，台上高悬列宁、李卜克内西和罗莎·卢森堡遗像，四周遍插红旗、标语，三处演讲台分别由高语罕、恽代英、张国焘作报告。苏联顾问鲍罗廷（张太雷

国民党在广州举行追悼列宁大会

《李卢列纪念宣传大纲》小册子

第三章 身兼国共两党工作

翻译）和谭平山、邓中夏、阮啸仙等人演讲。

恽代英第一次出现在这么隆重的广州公开场合上并作报告。两年前列宁逝世不久，他主编的《中国青年》第16期（1924年2月2日）推出"列宁特号"，发表《列宁与中国革命》，指出"从列宁所说的与列宁所做的都告诉了我们，我们若是有了一个有主义有纪律的党，我们若是用这个党去宣传与组织工人、农人、兵士革命的团结，我们可以成功革命"。

1926年春节前后，恽代英还要参加国民党中常委会议。大年三十（2月12日），召开国民党中央常委第四次会议，秘书处提出《训令各级党部从速扩大国民会议促成会之组织案》，推荐由列席会议的恽代英起草。在2月16日召开的国民党中常委第五次会议上，恽代英起草的《中国国民党上海交通局办法大纲》通过。

1924年10月，冯玉祥发动北京政变之后，邀请孙中山北上共商国家大事。一个月后，孙中山发表召集国民会议的主张，"以谋中国之统一与建设"。此主张立即得到了国共两党的大力支持，中共中央发表声明，号召全国发起一个召集国民会议的运动。上海、广东、浙江、湖南等地先后成立了国民会议促成会。不料孙中山北上赴天津途中，段祺瑞已于11月21日发表了召集善后会议的主张，公然与孙中山的主张相对抗。1925年1月，在上海召开中共"四大"的中央局作出决议，指示要揭露段氏政策之真相，

1926年1月22日，《广州民国日报》刊登《李列纪念大会盛况》。

第三章
身兼国共两党工作

使民众向段氏政府要求国民会议促进会代表参加善后会议，并要占善后会议人数三分之二，以阻止段氏计划为目的，促使段氏立即召开国民会议，同时批评国民党一些要人的政策。

恽代英担任国民党上海执行部宣传部秘书时，熟悉以上这些情况，并且撰写《为"国民会议"奋斗》等文，主张今后要致力于孙中山先生等所提倡的"国民会议"，"因为这是引导全国民众作直接政治争斗的"。他参加上海国民会议促成会成立大会并演说，又在国民党四区九分部演讲会上进行演讲，对于国民会议是否成功和将来能否实现及其将来效果等问题，分别作了阐述，"发挥尽致，听着动容"。国民党"二大"也讨论此问题，并在大会宣言中强调要继承孙中山遗志，其中包括孙中山"挺身北上之际发布开国民会议及废除不平等条约之宣言"。1926年1月10日，中共中央发出第71号通告，指令发动召集国民会议和建立临时中央国民政府的宣传运动。

因此，恽代英起草《训令各级党部从速扩大国民会议促成会之组织案》，包含了多种意义：这既是国共合作的共同目标之一，又是融合了恽代英凭借曾在上海身兼国共两党工作的经验，向国民党中常委交出的第一份"答卷"。

国民党中央执委发出第258号通告，定于2月20日（星期六）中午12时，在广东大学举行"成立广东国民会议促进会"的大会，举行反对奉直军阀示威活动。该会议筹备会也发出通告，要求各县成立分会，"会中经费由各团体分担"。2月18日，《广州民国日报》刊登《广东国民会议促进会宣言》。此后，时任东江各属行政公署委员周恩来和何应钦等人也发表通电，主张遵奉孙中山遗嘱召开国民会议。

恽代英起草的《中国国民党上海交通局办法大纲》谈及国民党上海交通局，说这是国民党中央宣传部在上海的秘密机关，办事人员都是共产党人，其职责是翻印国民党中宣部所发的各种宣传大纲和其他文件，转寄北方及长江一带各省的国民党党部。由于孙传芳派人入驻上海邮政总局，专扣广州寄出的书报，因此改由广州与上海或香港往返的轮船海员工会会员秘密带到上海，转交给上海交通局。恽代英在国民党上海执行部工作时担任该交通局主任兼会计（后由返沪的茅盾一度接任），积累了丰富的经验。

1926年2月8日，毛泽东列席国民党中常委第三次会议，以宣传部的名义，提出茅盾为宣传部秘书（与恽代英一起留在广州工作），萧楚女等人为"检阅干事"。此后，恽代英起草的《中国国民党上海交通局办法大纲》，既是总结过去的工作经验，也是为毛泽东（国民党中宣部代理部长）起草一份重要文件。

恽代英指导广东区委的青年运动工作时，共青团广东区委正处于急需整顿、发展阶段。国民党"二大"会议期间（1月9日），团广东区委召开联席会议，张国焘出席作报告，会议决议的第一条:"新学生社可公开征求同志,学生运动应注意学联会及各校学生会,放弃新学生社片面的学生运动,以求学生运动的统一。"

恽代英认为团广东区委关于青年运动工作,"学生支部应多讨论本机关问题——注意学生本身利益;学生支部应分配同学包围非同志,多用感情联络;学生同志在学校不要住在一块,要分配于非同志地方"。他指出的"注意学生本身利益",已经体现在以上谈及的《旅行潮汕的感想》一文里,学生支部要扩大工作范围,"多用感情联络",而不是搞片面的学生运动,这与张国焘的意见相似,即进一步发动、团结、凝聚、壮大社会各界青年力量,由全国学联出面,联络各地学联,高举国共合作旗帜,"以求学生运动的统一",积极适应大革命急速发展的形势。

2月10日,团广州地委写给团中央的总报告中称:"召集特别地方大会一次,由国焘同志出席报告C.Y的责任。召集学生同志大会一次,由代英同志出席报告学生运动的政策和方法。"张国焘、恽代英代表党、团指导团广州地委工作,这在1月17日的团中央通告中明确指出:"今后党和团共同指导学生运动。"

事前(2月2日),《广州民国日报》报道《统一青年运动会今日开幕》,广州各青年团体在广东大学礼堂里举行"统一青年运动大会",举行两天,"谋青年革命展现之联合",国民党中央青年部、教育厅、学生联合会"均有重要通告，令所属青年一体出席"，"是诚开青年运动之新纪元"。其实这是"新学生社"的推动，毕磊（广东大学学生会主席、广州学联负责人之一）等积极筹备的结果，毕磊被选为大会主席团成员，并主持了会议。大会决定成立青年运动委员会，毕磊当选为委员。毕磊接受党组织的安排，以党员身份在广东大学公开工作，成为恽代英等人的得力助手。

团广东区委在总结1926年上半年学生运动的一份报告中写道，"自新学生社政策改变后，我们感觉到各派学生有联合战线之可能，乃提出统一学生运动的口号，由革命青年联合会召集全市学生开一'统一青年运动大会'。到会者三千余人，是日'孙会'、民权、新学生社和我们同志都有参加，恽代英、陈公博均有讲演"。

"统一青年运动大会"第一天（2月2日），恽代英等人到会演讲，"对于青年运动理论及经验，有深切指导"。第二天，全国学联刘一声报告此行来粤的任务，"谋成立国民会议促成会，并请国民政府发表宣言赞助促进国民会议"。随后，茅盾（国民党中央宣传部秘书）、甘乃光（国民党中央青年部部长）演讲。这次大会讨论通过四项议案："（一）教育议决案，现在广东教育腐败，为国家谋建设，有根本革新之必要，应建议于政府特别注意之。（二）扩大革命青年联合会之决议。（三）拥护国民党第二次代表大会之议决案。（四）中国全国学生总会第七次全国代表大会宣言及决议，尽力拥护之。"

2月2日开会的第一天，恽代英应邀演讲，其演讲稿第一次连载于2月4日至6日《广州民国日报》。这是一篇佚文，可以与团广州地委的报告联系起来。恽代英演说道：

> 我是一个在中国中部很想尽力于革命运动的人。我在近两年来听见广东有许多同志努力革命，已经有了很好的成绩。我常想到广州来看一看，亦很希望我们广州青年同志有一个交换意见的机会，所以今日有这样一个机会，是很为欣幸的。这两年中国革命运动显然有很大的进步，不仅仅在广州，我们已经建设了很巩固的国民政府，便是在中国中部北部许多地方，都有了很多的青年倾向于革命事业，各地方的民众运动一天天更蓬勃起来了。

恽代英主编的《中国青年》拥有广大的青年、学生读者，他成为大革命时期青年运动的一面旗帜。他第一次在公开场合与广州青年、学生见面并演讲，以上的开场白显露了他的喜悦心情。他告诫大家：帝国主义和军阀千方百计搞破坏，"希望革命的势力内部发生破裂"，但是他们的阴谋"被我们的同志看穿了，国民党第二次全国代表大会，是给他们那般想分裂国民党反革命分子一个致命伤的打击，北京上海的青年同志，已经注意学生运动要使他（它）不至于分裂下去，今天又看见广东青年同志努力从事于青年运动的统

□汕市廳擬沒收洪兆麟園

（本報專訪）洪兆麟竊據汕頭多年、曾於該處建築公園一所、名為洪兆麟園、現聞汕頭市政廳長范其務、已將昨日呈請省政府、擬即收沒作為汕頭市立學校校地云。（上）

□二日統一青年運動大會

惲代英先生之演說詞

我是一個在中國中部很想遊歷於革命運動的人、我在近兩年來忽見廣東有許多同志努力於革命、已經有了很好的成績、我常想到廣州來看一看、亦很希望我們廣州青年同志有一個交換意見的機會、所以今日有這樣一個機會、是很為欣幸的、這兩年中國革命運動顯然有很大的進步、不僅僅在廣州、我們已經說了很東部的國民政府、便是在中國中部北部許多地方、都有了很多的青年傾向於革命事業、各地方的民眾運動一天天更蓬勃起來了、在這個時候、帝國主義者和軍閥很害怕我們、亦很懼怕我們、但他們很忌恨我們、「不僅懼怕我們、但他們很忌恨我們、可如何、他們希望國民黨的改組不能成功、希望中山先生死了以後國民黨便會煙消雲散、希望另外發生一種反革命煩以打倒國民黨的勢力、通過我們革命民眾的經驗之下、我們他們想用武力壓迫我們、但他們亦沒有這大能力將全中國的革命運動

表洗塵、並要人赴席、白彜譚、均有演說、悵至九時、宗禧

摧號軍第四逆馬（廿一（舊曆）（七）本軍官兵毀煙吃物之敗舉、以後如有犯此者、准運兵拿辦、並為直屬有糾助着、准運兵拿辦、何以整紀綱面電軍咸、各官長應一致此注意云。

談旅旅長於晏國小時、殘埚、溪頭一

、及旗之定、兆麟、悵

陳造榮受、傅麥歐萬

暨察院亦

道我們想不怕壓迫我們、面且他們亦然更是欣幸的事情、不過我在此地漫說我們革命民眾的努力、自在廣東看見同志們這樣的努力、這樣的統一、這樣的努力、等於是對帝國主義軍閥的示威、使他們知道他們的一切破壞革命運動的計謀、通盤歸於失敗的、他們終久只有涙反革命黨以打倒國民黨的勢力、民黨便會煩惱消雲散、希望另外發生一

（國民黨第一次大會宣言）

要提出請各位同志注意的、（未完）

惲代英演說詞

第三章

身兼国共两党工作

一。这样的努力，等于是对帝国主义军阀的示威，使他们知道他们的一切想破坏革命运动的计谋，通通是要归于失败的"。对于"统一青年运动"，恽代英凭借着多年从事青年运动的丰富经验，前瞻性地指出：

> 我们今天的青年统一运动，须防着陷入两种错误：一种是在这个统一运动之下，各派青年或只成立一个表面的统一，而不能成功真正的统一。另一种更要我们同志注意的，虽然今天在座的各派青年成功了一个真正的统一，或者会有十百倍于今天在座之数的青年，仍旧站在这个统一运动之外，俨然自成一派。我们同志要知道，无论我们陷入上述那（哪）一种的错误，通通是我们的严重的失败，怎样能够不陷入上述两种错误呢？那便要请各位同志估量自己以往的工作，改正以前有几种小小的缺点了。凡可以引我们陷入上述错误的，总是由于有一般人自命为是革命的，而指斥人家为不革命的、反革命的原故。在统一运动之下，若有一派是这样想，他便会丢了别一派，因此别一派的人亦便起来反对他。即凡属统一运动下的青年，都相信大家都是革命的。然而若指斥没有加入这个运动的人是不革命或反革命的，你们仍会丢了许多青年，因此许多青年仍会起来反对你们的。

这个指导思想与以上提及的恽代英参加团广州地委，

"报告学生运动的政策和方法"紧密相连，或者说是把后者的内容要点公开化。恽代英为何强调"须防着陷入两种错误"呢？其中主要原因之一，北京、上海、广州的右派组织"孙文主义学会"公开搞了许多反共活动，在黄埔军校内与周恩来领导并组织的青年军人联合会相对抗，甚至到广东大学滋事打闹。1926年1月4日，团广东区委在一份报告里专题讲述了此情况。同时青年中的左派、右派激烈冲突，加速了广大青年的分化。

因此，恽代英在"统一青年运动大会"上演讲时，深入浅出地讲述了一番道理，并且语重心长地指出："我们现在是要在政治口号以外，提出适合于领导广州学生趋向革命的别的口号，专喊打倒帝国主义，打倒军阀是不够了的。""我们一定要在这种政治口号之外，指出学生经济上被压迫的实情，打破他们自己欺骗自己的许多可笑的错误见解，使他们知道只有我们所主张的革命可以解除他们经济上各种苦头，能够这样，他们为甚（什）么会不革命呢？"

恽代英高度重视学生求学的实际困难问题，与那些只喊口号的官僚政客和混入国民革命队伍的投机分子是截然不同的两种指导思想，这在以上提及恽代英的《旅行潮汕的感想》一文里得以生动体现。

国民党"二大"闭幕后，广州城里接连举行各种集会，恽代英不断地被邀请去演讲。继"统一青年运动大会"之

第三章
身兼国共两党工作

后,恽代英又出现在广东各界纪念"二七"大会上并演讲。2月7日中午12时,在广东大学操场上举行大规模的纪念大会,随后举行大游行,按照学、商、农、工、兵及其他各界依次出发。晚上,在广东大学和太平戏院举行演剧、游艺等活动。

事前,国民党中央执委会提前发出第254号通告,要求广州市内的国民党员一律参加"二七"纪念大会。1926年2月4日《广州民国日报》以较多版面刊登"二七"纪念大会筹备会的通告和宣传大纲,通告说明:"二月七日是三年前京汉铁路工人为了争集会结社的自由,被军阀吴佩孚、萧耀南施行大屠杀流血的纪念日,亦即中华民族解放运动,在事实上开始与帝国主义和军阀斗争流血的悲壮大纪念。这种斗争不仅是工人阶级,而是全中国人民争自由的斗争,他(它)在中国革命史上占了极重大的地位,开民族革命的新纪元。他(它)是'五卅'运动的预备,'五卅'运动是'二七'的继起。没有'二七'运动,便没有'五卅'运动和省港罢工运动。"显然这是广东省国共合作的一次盛大活动。

2月7日,时为中共广东区委宣传部部长张太雷主编的《人民周刊》创刊,刊登张国焘的《悼死难的战士们》、张太雷的《"二七"之意义》,两文分别配有林祥谦、刘寿真和施洋、刘华烈士遗像。张太雷一文评价"二七"及其与五卅运动的承接关系,与筹备会通告的重要内容和宣传大纲很相

悼死難的戰士們

（國燾）

三年前的二月七日，是京漢和其他鐵路工人及武昌工人大遭帝國主義工具吳佩孚等屠殺的日子。死難的戰士有施洋林祥謙等肆十位同志。

京漢工人的英勇奮鬥和這些烈士之死，永遠為人們所不能忘。吳佩孚等這班劊子手，也永遠為人們所仇恨。

今年二月七日是「二七」的三週紀念，「人民週報」也適於是日出版，全國各地民眾都舉行追悼死難戰士大會；人民週報實使我們發生無限的感慨。

在「二七」以前，也有許多革命和反帝國主義的同志們死難了。他們的死，都是很可紀念的。「二七」死難的烈士們，可是與地主與軍閥的利益是完全相反的。但是他們反對的口號是「赤化」「共產」：

工農群眾中新生的最有覺悟的分子。二七以後，工農群眾中有更多的革命分子，跟著「二七」的烈士們，不斷的為革命而犧牲。這些死難的烈士們中，最為人們所記憶的，有安源之黃靜原，青島之李慰農胡信之，上海之顧正紅劉華何秉彝廣東之黃駒林寶民王福三李勞工等等。統計起來，不下五百名。「二七」在革命史上的真價值，就是開工農群眾為革命而犧牲的新紀元。革命成功的一個重要條件，就是廣大群眾的實際參加：「二七」既然是工人群眾參加革命的起點，所以最值得人們的紀念。

「二七」罷工，不是鐵路工人爭全國人民所需要的自由。工人群眾為爭全國人民所需要的自由，不惜與帝國主義工具吳佩孚等短兵相接的對陣，尤其是值得全國人民紀念的。自「二七」以後，全國工農群眾所奮鬥的目標，已是全國人民的勝利。工農群眾的勝利，就是革命的勝利，也是全國人民的勝利。所以當我們追悼這些烈士們，由應認定工農群眾的死難者，就是為全國人民的死難者，追隨這些死難者等死的十位同志。

二七死難烈士林祥謙

二七死難烈士劉壽眞

人民週刊 第一期

四

张国焘文章

似，甚至有些词语都相同。《人民周刊》先后发表7篇"宣传大纲"，基本上都是出自张太雷之手，经过陈延年审阅、修订的。因此，纪念"二七"的宣传大纲理应是陈延年、张太雷等人起草、修订的。

1926年2月5日，广东各界发起援助罢工周（2月8日至14日），并成立援助罢工委员会，发表宣言，开展各种援助活动。事前（2月1日），香港工人实行第二次大罢工，并纷纷返回广州。港英政府异常震惊，大肆搜捕罢工工人。广东国民政府设法安排第一批香港工人3000多名在广州的住食等生活问题。

春节即将来临（2月17日）下午，恽代英再次跨入中央党部大礼堂，这里虽然没有了当初召开国民党"二大"的气氛，但是更为热闹。与会者多达1500多人，主要是省港大罢工各工团代表，他们说粤语，大厅里洋溢着迎接新春的热闹气氛。原来国民党中央执委会在这里举行各工团代表欢迎会，林祖涵（林伯渠）担任主席，彭泽民、恽代英、陈公博、何香凝等中执委到场，汪精卫因故未来。

下午2时开会，林祖涵宣布开会理由、开会秩序，陈公博致欢迎词，工人代表答词，随后是恽代英等人演说，这期间不时响起奏乐声，穿插在每个会议议程之间。2月19日，《广州民国日报》第二次刊登恽代英的演讲，后连载于邓中夏（中华全国总工会的宣传部部长、省港罢工委员会的党团书记）主编的《工人之路》第236—238期。其开

中华全国总工会旧址（现广州市越秀南路89号）

第三章 身兼国共两党工作

头说道：

各位工友、各位同志：

今天得与各位叙会，兄弟是非常欢喜的，现趁此机会表示一些意见为工友们参考。今天为什么开这个会，就是欢迎罢工工友，也可说是欢迎我们兄弟，也可说是欢迎能实行本党政策而反帝国主义的战士。欢迎你们，就是表示亲爱你们。但我们为什么反对帝国主义呢？第一点，帝国主义自侵略到了中国，常常用兵力压迫我们，还要我们赔偿兵费，有一次要赔二万万元，一次要赔四万万五千万元，这笔巨款现在尚未还清，而这款是从何而来呢？都是吸我们人民膏血而来的。……

1925年5月30日，上海租界发生震惊中外的五卅惨案，随即掀起一场轰轰烈烈的爱国反帝五卅运动，中共广东区委立即召开党、团大会，决定发动广东人民起来声援。6月19日省港大罢工爆发，先后参加大罢工的广州、香港两地工人多达20万，直至次年秋天。这是由中共广东区委和中华全国总工会直接领导的，7月1日成立的广州国民政府也给予了各方面支持。中共广东区委的工作也进入省港大罢工时期，面临着大量的复杂尖锐的现实问题。

恽代英演讲以上内容时，省港大罢工已经进行了大半年。他赞扬罢工工人英勇顽强的斗争精神时，告诫大家千

中共广东区委旧址(现广州市文明路194—200号)

第三章

身兼国共两党工作

万要警惕帝国主义及其买办阶级破坏罢工的阴谋诡计，并举出上海五卅运动中资本家破坏罢工的事例，希望引起大家高度重视。他还谈及社会各界援助罢工周，鼓舞大家的斗志。

张太雷主编的《人民周刊》第1期（1926年2月7日）及时推出《援助罢工周的宣传大纲》，从政治高度上指出省港罢工的重要意义，由此鼓动和吸引社会各界的援助。这期《一周述评》专栏首篇是邓中夏写的《省港罢工之新形势》，说明"援助罢工周"的形势，港英政府没有诚意，导致前来广州谈判破裂，呼吁广大民众继续支持罢工，"乃我等生死存亡所系"。

张太雷还特地写了《广东各界援助罢工周》一文，再次指出港英政府进行各种阴谋活动，最终都未能破坏省港罢工。这次援助罢工周就是对港英政府的一个最好的回答：只有"预备了代价来解决罢工"，才是唯一的路。此文作为《人民周刊》第3期的首篇，指导意义不言而喻。显然，恽代英的演讲与张太雷主编的《人民周刊》有关援助罢工周的内容是互相呼应的，体现了省港大罢工期间国共合作的宗旨。

恽代英结束汕头、潮州之行后，返回广州。这时团广东区委已于3月7日召集特别会议，改组了领导班子，杨善集为书记，黄居仁负责组织部，刘一声负责宣传部（他回沪后由马英代任），学委书记是沈宝同，经委书记为李耀先；候补委员有陈志文、区梦觉（兼任妇委书记）、郭寿华。团广东区委办事处改为广州文明路75号二楼，这里也是中共广东区委办公处（恽代英曾一度担任青年部部长），现为文明路194—200号（原为75—81号），紧邻现在的广州鲁迅纪念馆。

3月14日，团广东区委通告（广字第2号）规定恽代英在第二期训练班讲授课程。3月18日上午，恽代英讲授"为什么要参加国民革命"；3月27日上午，他讲授"学生运动"，地点在中华全国总工会，现为广州市越秀南路89号，全国重点文物保护单位。

这里原为惠州会馆，建于清末民初，曾是援闽粤军司令部所在地。1924年国共合作后，这里成为中央党部办公的地方。1925年8月20日，廖仲恺先生被反动派暗杀于此。1926年5月，第三次全国劳动大会和第二次广东省农民代表大会在这里联合举行，会议决定在此建"廖仲恺先生纪念碑"和"工农运动死难烈士纪念碑"。

省港罢工援助周之后，国民党中央执委会发出纪念孙中山逝世周年通告，广州各界积极筹备3月12日的纪念孙中山逝世周年大会。中共中央下达《关于孙中山先生纪念日宣传大纲》，明确指出："在北京、广州等处，C.P、C.Y，亦宜设法公开参加，最好能派代表出席演说。"中共广东区委、团广东区委联合发表《中山先生逝世周年纪念宣言》，指出"中山先生死了一周年了。这一年中间中国的国民革命运动，

第三章
身兼国共两党工作

非但没有低落,并且猛烈的高涨"。

1926年3月11日,广州各界青年在广州教育会内举行纪念孙中山大会,事前邀请的演讲名单上有汪精卫、蒋介石、恽代英、邓中夏、茅盾等人。但是,恽代英因故未参加。一年前,孙中山病逝后,恽代英四处演讲,并在《中国青年》第71期(1925年3月21日)推出"哀悼孙中山先生特刊",发表《孙中山先生逝世和中国》《孙中山先生》,号召广大青年"了解孙中山先生的思想与志愿,要格外珍重他的经验与教训",继承他的遗志,继续奋斗。

3月12日上午,在中央党部大礼堂里,国民党中央执委会隆重举行纪念孙中山逝世周年大会,"列席者有各执行委员及全体职员等"。同时,在东较场举行大规模的纪念大会,"赴会者二十余万人,各界要人演说之激昂,当场通过重要决议案"。《广州民国日报》刊登汪精卫等人的演说报告,却没有恽代英的演讲稿。

此后,标志广东省的国共合作之窗的《广州民国日报》再也没有刊登恽代英的演讲稿,有时编发的短消息里出现恽代英的名字,也并不引人注目。这些都传递着一个敏感的信息:共产党人恽代英作为《中国青年》主编、来自上海的"跨党"分子——新当选的国民党中央执委,在广东的复杂政治舞台上仅仅"亮相"2个多月,他"锋芒毕露"之后便被"冷落"了,受到各种排挤、嫉恨、敌视,其中重要原因,不言而喻了。

但是,广州的左派、进步学生依然把恽代英视为青年的导师和青年运动的领袖。恽代英也依然在《中国青年》等刊物上发表文章,一如既往地热情答复读者的来信,并且密切关注广东政局的瞬间变化。

第四章 「三一〇事件」前后

第四章

"三二〇事件"前后

广州各界隆重纪念孙中山逝世时,蒋介石作了《孙先生与世界革命》的演讲,此标题显示了蒋介石的"左倾"。但是,蒋介石随后制造了"三二〇事件"(中山舰事件),震惊中外。

时在广州的苏联布勒诺夫高级使团施行"退让"政策,不仅为即将返回广州的鲍罗廷定下基调,也确定了中共中央和广东区委对待"三二〇事件"的指导思想。

3月下旬,陈独秀以中共中央名义发出指令,认为:"从党和军队纪律的观点来看,蒋介石的行动是极其错误的,但是,事情不能用简单的惩罚蒋的办法来解决……我们现在应该全力拯救他,将他从陷入的深渊中拔出来。"根据这个指令,广东区委陈延年等人只好统一口径。

张太雷主编的《人民周刊》第7期发表了他写的新闻稿《三月二十日的戒严》,巧妙地点评:"三月二十日事件证明本刊上一期所提出'广东革命危机存在'的警告是正确的。"仅此一句足矣,让读者自己去品味。同时,张太雷与陈延年反复商量,以中共广东区委名义发表《给国民党中央、国民政府、国民革命军及广东人民的一封公开的信》,

黄埔军校

第四章

"三二〇事件"前后

郑重声明：目前建立国民联合战线的必要性，共产党始终进行努力。

恽代英看了两文之后，有许多话要说，但碍于党内纪律，又无法公开演说，心里郁闷、焦急。

广州春暖花开，又展现"花城"的容貌，但是并未给恽代英带来好心情。终于，他第一次受邀到黄埔军校演讲，暂且释放一些积压多时的压抑之气。

原来恽代英在上海主编《中国青年》第74期（1925年4月11日）时，发表《广东军官学校与国民党问题》一文，回答读者刘英来信时，指出"到军队中去宣传，至少与到农民工人中去宣传，是一样的重要"。并且劝说刘英开阔视野："国民党中自然有些假革命分子。但亦有不少比较可以共同革命的党员群众；我们要在不痛快的环境中，努力宣传奋斗，使真革命的分子态度越明显，假革命分子自然受淘汰，这样，才不至于因要排斥少数腐败分子，而令多数可以共同革命的国民党员因误会而都站在我们的外面去了。"

这是恽代英第一次在文章里提到黄埔军校，他所说的这些话，犹如他一年后第一次到黄埔军校演讲的心情。

黄埔军校最初名为国民党陆军军官学校，设于广州黄埔长洲岛上，这是珠江宽阔江面上的一座小岛，距离广州市区约15公里，曾是我国对外贸易的重要海港，岛上遍地文物古迹。恽代英等人乘船前去，只见岛上绿树葱茏，风光秀美，江风习习。该校刚改名为中央军事政治学校,不过民众还是习惯称之为黄埔军校。

面对台下众多黄埔军校学生,恽代英从主观和客观两方面来解说《革命之障碍》:主观方面是革命党员(国民党——下同)自己的缺点;客观方面是社会方面的妨害。对于前者,恽代英尖锐地指出"革命党员自身的缺陷"的四种表现:其一,对于革命主义没有真正明了,"自己却不能彻底明了主义,自然不能叫人家明了了"。其二,不实行主义,"不为民众的利益而奋斗"。其三,不注意接近群众,"我们与群众发生了密切关系,群众才能相信我们,而且我们才能有把握的宣传群众。这样革命工作,才有基础,才能成功"。其四,不注意革命势力统一。其具体表现有几种情况:"有些人组织一个团体,只知为自己出出风头";"为了稍为一点小小事情,便不能忍……不管对革命前途有无什么影响,这是时时刻刻使我(对)革命前途发生动摇";"责人太过,自己勇敢点或和平点,便不满意别人"。这些看似平常的诫语,但是在"三二〇事件"发生后,又是在蒋介石(黄埔军校校长)的眼皮下公开讲演,则显得非同寻常。

"三二〇事件"之前(2月20日),恽代英在黄埔军校政治部主办的《黄埔潮》第35期上发表《党纪与军纪》,强调党纪与军纪对革命胜利的极端重要性。他指出:"在党军中间,党高于一切。但这并不是说我们只应当讲党纪,不必管什么军纪。所谓党高于一切,是说军队不能违背党的主义,所以军纪是在党纪监视之下的;同时亦是说军队是完全为党的主义工作的,只有严整的军纪可以集中革命力量,有充分的力量可以打倒一切反革命的敌人,所以军纪亦是党所应极力注意。党纪是要保障革命的军纪,绝不是来破坏这种军纪的。"这说明了党纪与军纪之间的辩证关系,最初来源是黄埔军校建校时苏联顾问鲍罗廷等人推行苏联红军"党代表"的制度,此后发展为"党指挥枪"即人民军队建设的根本原则。

恽代英强调党纪与军纪时,广州城里已经流传着共产党暴动的谣言。蒋介石的亲信师长王柏龄部队内也流传着武装政变的谣言,王柏龄甚至对连长以上军官训话时还要他们"枕戈待旦"。毛泽东问陈延年:怎么会有如此谣言?陈延年答道:"事出有因,查无实据,只能提高警惕,静观其变。"

因此,恽代英发表《党纪与军纪》一文并非偶然,而是有意识地针对现实问题,警告那些钩心斗角的政客、官僚。如果与恽代英此后到黄埔军校演讲内容联系起来观审,那么两者之间具有必然的内在联系,只是后者无法明说,但是知情人心领神会了。

恽代英演讲稿《革命之障碍》,连载于《黄埔潮》第46—52期,记录者为李鸣珂、缪芸人。《黄埔潮》创办于1925年10月,半周刊,每周三、六出版,辟有《特载》《评

中山舰全景

论》《大事述评》《短兵》等栏目，以登载政治论文和时评文章为主。黄埔军校政治部的共产党人杨其纲担任主笔，革命色彩浓烈。此后随着黄埔同学会成立，该刊成为其机关刊物，趋向反动。

杨其纲是河北衡水人，经邓中夏介绍加入社会主义青年团，1923年考入北京世界语专门学校，次年加入中国共产党。杨其纲由中共北方区委派出，与张隐韬、江震寰等南下投考，成为黄埔军校第一期第一大队学生，后为黄埔第二期、第三期、第四期中共特别支部（原为中共黄埔直属支部）书记，公开身份是军校政治部宣传科员、编纂股主任，与后进黄埔军校的恽代英为同事。

恽代英到黄埔军校演讲前后，4月8日，《广州民国日报》刊登《中央党部定于本年五月十五日开第二次全体执行委员会》，即国民党二届二中全会，将要通过强令限制共产党人等严厉决议，蒋介石则要掌握党政大权，这些都在高度保密之中。

这时，蒋介石大耍两面派手法，一面宣称"三二〇事件"是一场误会，当黄埔军校左、右两大派的中国青年军人联合会与孙文主义学会先后"自行"解散时，蒋介石在4月19日的《广州民国日报》上发表《告军校同学及同志书》，大谈苦衷，表白自己不偏不倚的"中派"立场。一面迫使军队内已暴露身份的共产党员几百人退出国民革命第一军和撤出黄埔军校，周恩来也被迫辞去第一军副党代表兼政治部主任职务。对此，蒋介石继续戴着"仁义"面具，假惺惺劝说大家："一本亲爱精诚之校训，不宿怨，不怀恨，不寻仇，不灰心，以光明之态度，亲爱之精神，捐弃前嫌，续欢同学。"

4月底，报上吹嘘蒋介石"确实保护五一节"。5月1日，广州城里同时召开第三次全国劳动大会、广东省第二次农民代表大会，还有声势浩大的几十万人隆重举行的五一劳动节纪念活动，其后又召开广东省第六次教育大会。这"三大"会议期间，700多名代表应邀去参观黄埔军校，蒋介石亲自出面致欢迎词，说了一番"我们工农兵齐集一堂，实际联合"，作为中国革命基础云云。

在这些锣鼓喧天、旗帜飘扬、口号震耳的公开场合中，恽代英却一直没有露面，在"三大"会议上也看不到他昔日演讲时的活跃身影。

这时，原被苏联顾问鲍罗廷等设法"赶出"广东的国民党要人纷纷返回广州，涉嫌于廖仲恺被刺案件的胡汉民自莫斯科回国中途在海参崴候船，恰巧与鲍罗廷同船一起返回广州。鲍罗廷是在国民党"二大"之后离开广州，名为"回国述职"，其实是先到北京向来华的苏联布勃诺夫高级使团汇报广州工作。

"三二〇事件"发生之后，鲍罗廷无暇顾及各种议论，考虑如何奉命尽快赶回广州，争取"喘息"时间，挽回不利局势。但是，他原来关于巩固广州国民政府的许多决议和计

第四章

"三二〇事件"前后

划竟在一夜之间成为一堆废纸，从此进入一个"联蒋"又不"联蒋"的模糊不清的新阶段，对中国大革命成败产生了很大影响。

由于奉、直系军队进攻天津等地区，原来返粤交通路线已被阻断，只好绕道返回。其路线经过张家口，穿过大戈壁到库伦（乌兰巴托），经由上乌金斯克至海参崴的铁路线，最后从海上坐船回粤，构成一个巨大问号形状的长途跋涉路线。鲍罗廷任命切列潘诺夫（回国后晋升为中将，所著《中国国民革命军的北伐》披露大量有关鲍罗廷等苏联顾问资料）为远征队长，随同出发的有谭平山、徐谦、顾孟余、陈友仁等，其中徐谦、顾孟余是"三一八"惨案后的通缉对象，这些人物之后都成为大革命后期武汉国民政府的中坚力量。

5月4日，鲍罗廷被广州国民政府续聘为高等顾问，他哪有心思出席党政部门招待返粤要人的宴席，而是全身心投入到与蒋介石的谈判之中，实行布勃诺夫高级使团的妥协、退让政策，尽量满足蒋介石提出的各种要求。

多年政治生涯的丰富经验提醒鲍罗廷，与蒋介石谈判时同意"限共"将会带来严重后果，但是纠正共产党人"过火"行为也是他曾想做的事情。同时，鲍罗廷掌握一张"王牌"——经济和军事援助款项，这对于蒋介石来说很有吸引力。蒋介石也不想过早撕破脸，失去"以俄为师"的旗帜及其所带来的大量的经济、军事援助。在反复权衡利弊的同时，蒋介石提出"对人不对俄"的主张，同意鲍罗廷提出"反击右派"的要求，作为"限共"的交换条件。

5月7日，陈独秀等人得到广州方面的消息，以中共中央名义发表通告，认为"从三月二十日的事变可见左派内部尚有许多误会，几乎动摇国民党联俄联共的根本政策，几乎演出太平军（内）火并的悲剧！"中国共产党今后的工作原则是"统一革命的势力，扩大及巩固各阶级群众的联合战线"。两天后，鲍罗廷与蒋介石达成"三项君子协定"，除了"限共""反击右派"之外，第三项则是鲍罗廷明确表示支持北伐，这是双方都想乘机利用对方"赢利"的一个复杂策略。

这些正合蒋介石的心意，客观上刺激了他的政治野心，促使他更加强烈要求全面限制共产党人在国民党内的活动。这不仅仅是为了赶走军队中的苏联顾问和清除黄埔军校、国民革命第一军中的共产党员，而是等待时机成熟，进一步"限共、反共"。鲍罗廷等人的一切妥协、退让的措施为蒋介石篡夺重要权力铺平了道路。

5月14日下午3时，恽代英坐在中央党部秘书处楼下，出席国民党中央执委会议（谈话会，即二届二中全会预备会议）。在座的有谭延闿、谭平山、程潜、陈公博、朱培德、何香凝、伍朝枢、李济深、林祖涵、于树德、甘乃光、陈友仁、杨匏安、朱季恂、孙科、邓颖超等30多人，谭延闿主持会议，推定二届二中全会主席团；会议暂定一周，有必要时延长，开会时间为每天上午9时至12时，并说明会议议程等事项。

第二天正式召开国民党二届二中全会，蒋介石春风得意地进入会场，参加会议的有中执委（包括候补委员）、监察委员等40多人，会议主席团由谭延闿、蒋介石、谭平山组成，蒋介石担任会议主席，宣布召集这次开会的理由。随后会议通过《整理党务决议案》，这是由谭延闿、蒋介石、孙科、朱培德、宋子文、陈公博、甘乃光、林祖涵、伍朝枢等9人联名提出的，"惟原案文字尚有修正之必要"。

《广州民国日报》报道此消息，并配有一张超长的开会集体照，恽代英等"跨党"的共产党人也在其中，但是全然没有3个多月前参加国民党"二大"时的气氛，而是充满了凝重、焦虑、无奈的神情，都憋着一肚子的怨气。

5月15日至22日，国民党二届二中全会通过《整理党务决议案》，从思想上、政治上、组织上削弱、限制共产党人，完全把共产党置于被利用的附庸位置，达到一年前戴季陶和西山会议派所主张的部分目的。由此，蒋介石一跃成为国民党的铁腕人物，掌握党、政、军大权。以后蒋介石洋洋得意地说："三二〇事件"和《整理党务决议案》，成为"国共两党力量消长的分水岭"。

5月25日上午11时，恽代英列席中常委第28次会议，修改国民党二届二中全会宣言，"大体通过，并由张静江同志修改文字后发表"。同时，毛泽东提出辞去中央宣传部代理

《广州民国日报》刊登国民党二届二中全会的报道

第四章
"三二〇事件"前后

部长职务,林祖涵、谭平山辞去中常委秘书一职。彭泽民提出慰问"病假"中的汪精卫,"热望其早日销假视事"。"三二〇事件"后,汪精卫在国民党内的领袖地位被蒋介石取而代之,只好请"病假"。

国民党二届二中全会期间(5月20日),团广东区委宣传部召集一些骨干,包括支部书记、干事、组长及活动分子,共200多人,恽代英到场报告"三二〇事件"后的政治状况以及"我们的政策"。

"三二〇事件"后,原来还在"统一青年运动"旗帜下的孙文学会分子态度徒然强硬起来,"对我们极力进攻",团广东区委负责人气愤地说道:"在广(东)大(学)三日之内,他们与我们同志及左派分子冲突凡七八次,他们多持士的(拐杖)大棍包围会场,其凶狠无理,于此可见。教会学生及女学生一部分多倾向他们,中私立学校一部分是倾向我们,其余大多数学生因历史上关系,对新学生社不满意,而对孙会亦反对,故多取中立行动。"此时,原来广州学联内部发生分裂,因此,恽代英应邀前去做报告,这在团广东区委的一份总结中有所透露:"我们得到第一个教训,便是只做了上层的争斗。运用联合战线亦只是上层的联合,而群众还在旁睡觉,不问不闻。我们同志太不注意群众中宣传工作,即做亦宣传不得法,引不起群众的注意,结果亦是少数人摇旗呐喊,给右派以有隙可乘。"

此后,原来"西山会议派",甚至上海非法另立国民党中央执委会的一些骨干成员，摇身一变，担任广州国民党中央部门的重要职务，甚至替代林祖涵等人辞职后的空缺，遭到一些国民党左派的责疑。

面对如此急剧的变化，恽代英奉命到黄埔军校任政治主任教官，开始到广州后的第二阶段工作，直至同年11月24日辞职，准备去武汉工作。

第五章

授课、讲演和撰稿

第五章

授课、讲演和撰稿

恽代英到黄埔军校工作前后,经常到国共两党分别组织的培训班上进行授课和讲演,还为团广东区委机关刊物《少年先锋》等撰稿。

国民党甘乃光曾任廖仲恺秘书,在国民党"二大"上与恽代英等人一起被选为中央执委,担任国民党中央青年部部长。他特地办起青年部训育员养成所,"为培植全省青年之训育指导人才",该所考试题目有:中国国民革命与世界革命之关系、什么是帝国主义、什么是三民主义、青年运动的对象是什么等,结果录取80名学生,毕业后派往全省各学校担任国民党党部及训育工作。

1926年4月6日,青年部训育员养成所在广东大学大礼堂举行开学典礼,聘请恽代英、萧楚女、张太雷、茅盾、邓中夏和甘乃光、陈其瑗等人授课,科目有三民主义、近代史、中国政治经济状况、世界政治经济状况、各国革命史、社会主义史、帝国主义史、民族问题、国民党史、青年运动策略等。青年部训育员养成所学生表现很积极,参加五一、五四、五五、五七等纪念活动,并到佛山去演讲,受到热烈欢迎。青年部训育员养成所在东郊花园举行欢迎全省学联第一次代表大会代表的活动，邀请甘乃光、萧楚女、恽代英、张秋人等人演讲。这次代表大会于4月15日至17日召开，恽代英被聘为大会五人顾问之一。

但是，甘乃光的激进言论引起各种议论，一个月后被调任中央农民部长，青年部长则由"西山会议派"邵元冲担任。恽代英参加了5月28日中常委扩大会议，见证了甘乃光、邵元冲任职的新决定。此后邵元冲遭到国民党左派的抨击，不得不请假到上海去，青年部的工作由秘书代理。

5月，恽代英出现在国民党政治讲习班上，演讲"五卅运动"。这个讲习班是国民党中央党部培训军事政治干部的机构。1926年2月在广州建立，谭延闿、程潜、林伯渠、陈嘉佑、鲁涤平、毛泽东、李富春等为讲习班理事。谭延闿任主任，后由毛泽东代理（实际上主持工作）。课程有帝国主义侵略中国史、地方行政、军事学等25个专题。毛泽东、萧楚女、郭沫若、茅盾、朱剑凡、邓中夏等人授课。培训期为4个月，学员340余人，被编成3个队，经常参加重大政治活动。此后，他们参加北伐途中的政治宣传工作，发挥了各自的作用。

恽代英演讲"五卅运动"的记录稿很长，邓峨嵩记录，不久由政治讲习班印行。恽代英的讲演分为四部分：分析了五卅运动爆发的原因，讲述了五卅运动的经过和结果，最后总结了五卅运动的经验教训。恽代英指出，"革命不是难

第五章

授课、讲演和撰稿

事,也不是易事,我们要宣传民众,组织民众,我们不要空想;我们要认清革命的力量,拉拢可以革命的人,这是五卅运动所得来的经验。以这种经验,在以后比五卅更大的运动中去工作"。以史为鉴,吸取教训,抛弃空想,脚踏实地工作,这是经历"三二〇事件"之后,恽代英的一种深刻体会。

夏季来临,广州青年夏令讲习班,恽代英前去讲授"中国共产党与国民革命"。此篇讲演稿未能整理发表,不过恽代英、萧楚女以记者的身份答复读者一封信《"共产"果真是这样的吗?》(以下简称复信,发表在《中国青年》第129期1926年8月7日),可以从一个侧面理解恽代英讲授"中国共产党与国民革命"的某些内容。

复信认为:"造谣是不可免的,反动派对于一种革命的真理另外还有什么办法呢?共产主义,新文化运动,如果我明白的向群众解释,谁个不愿信仰,只有造谣和污蔑或可蒙蔽群众于万一。我们判断共产党及共产主义的价值应当以他的行动和言论为标准。"显然,共产党与国民革命的关系,以及勇于承担的历史使命,已经付诸轰轰烈烈的大革命实践,这引起反动派的敌视,但又无法阻挡历史的车轮,只好大肆造谣,恶毒污蔑,蛊惑人心。

复信理直气壮地表态:"关于共产党的行动,只要看共产党到处为军阀帝国主义所嫉视,逮捕,通缉,屠杀,为工农群众所信仰,便知他(它)除了反抗军阀帝国主义和资产

「共產」果真是這樣的嗎？（讀者之聲）

代英，熱安：

　　很多人都異口同聲的說：「⋯共產，就是你的東西就是我的，我的就是你的⋯」有些人又說：「⋯共產嗎，就是只准我共人之產，不准人共我之產⋯」有些又說：「（這是赤色帝國主義蘇俄，用盧布收買中國共產黨，誘惑著工農的力量來侵略中國，更粘著工農的財產來分⋯）」有些又說：「⋯共產之禍，所以一些婦女都嚇跑了⋯」「⋯共產黨，將他作走狗，去獻媚⋯一般無智識的工農，眼見空喊揭行驟略，將凌駕軍閥而上之惡。所以才將這些事兒寫來請問你家，希望在「中青」的尾巴上，給俺那一個明白的答復。不過心中總有點這樣猜著：「⋯共產只怕是洪水猛獸吧」，應當防之⋯各說紛紜，莫衷一是！「共產」果真是這樣，暗無天日，國將不國，嗚呼，慘哉此，共產之罪耶？ 一點莫名其妙！

匡歌：：記得前幾年新文化運動盛行時，很多人都異口同聲的說，新文化運動所發明的是「首當摧毀首惡孝為先」。現在共產主義運動很發展，於是關於共產主義的各種奇離古怪的孤言和讕解都隨之發見，如你所列舉的。遙諺是可怕的，反動派對於一種革命的運動，如果我明白的向專業解釋，實在沒有什麼解法呢？共產主義，新文化運動，我們判斷共產黨及共產主義的價值應當以他的行動和言論為標準。共產黨的言論如剛纔，本刊及發行的雜誌實有無一點近似，與那些謠言有無一點近似。關於共產黨的行動，只要你們願意除共產黨，更要於你們所建信仰，便加除了反抗革命的孤寂和讕解外，實在沒有什麼解法呢？共產主義，新文化運動，如果我明白的向專業解釋，實在沒有什麼解法呢？

另外還有什麼解法呢？共產主義，新文化運動，如果我明白的向專業解釋，實在沒有什麼解法呢？只有意猶和誠意或可窺蓋革共於萬一。

）不但是我，就是我們的團體團員，都是生出這樣類似的疑問，所以我們的革命策略上，定下一句「剷除共產黨」，更用從格的手段，利用軍閥的虎威，隨更，照更這事行過濕瘧，於來然耶！

「⋯⋯」「⋯⋯」

共產黨是莫昔不一，不過你們先要問，這些不問先要清，是否反帝國主義的壓迫，是否反帝國主義所掠奪，隸掠，逐捕，居教為工農業眾所信仰，便加除了反帝國主義ABC，你們把共產黨壓了，共產主義又是怎樣的一個不同行動，便隨於軍閥和帝國主義之的罪惡？有誰認得真如民眾間的民眾關，依我們的相互同是，他們好要歡動人之利。「他們有時候勸工人間幣口的舉動，民眾間，依我們的相互同情，白相現時。

惲代英的答復之文

阶级外，实在没有凌驾军阀而上之的罪恶。"

对于许多受欺骗的群众，复信运用逆向思维的方式，责问："你们要铲除共产党，杀共产党也未尝不可，不过你们先要问，这（对）于你们有什么益处？你们把共产党杀了，是否就脱离了军阀和帝国主义的压迫，是否反为帝国主义所拍掌称快？"最后说："盼望你们不要学头脑简单的商人，不辨是非，那样容易接受帝国主义与军阀的反赤的宣传。"

一日，恽代英跨进古老的番禺学宫，现为广州市中山四路42号。这是一处红墙黄瓦、古色古香的建筑群，是明清时期番禺县培养儒生和祭祀孔子的主要场所。大革命时期，这里成为毛泽东主持的第六届农民运动讲习所——革命的摇篮，国共合作培养农民运动干部的学校。

自1924年7月至1926年9月，共举办六届。最初两届所址在广州市越秀南路惠州会馆，后搬到广州东皋大道1号，第六届迁移到此。前五届主任为彭湃、罗绮园、阮啸仙、谭植棠。1926年5—9月举办第六届，并将主任改为所长，毛泽东任所长，萧楚女为专任教员，其他教员有彭湃、周恩来、恽代英、阮啸仙、赵自选等，分别讲授政治、经济、文化、军事等课程。瞿秋白也曾来此演讲"国民革命中之农民问题"，他的弟弟瞿景白坐在台下记录。

第六届招收学员300多人，来自全国各省。除学习有关课程之外，还要进行军事训练，并到农村去实习。学员毕业后便奔赴各地，投身农民运动。如今这里成为全国重点文物

第六届农民运动讲习所旧址

第五章

授课、讲演和撰稿

保护单位,在这里,仍能看到当年的教员和学员的照片,以及他们的简历等资料。

恽代英进入番禺学宫正门,跨过石拱桥,面前是大成门,这里两旁设有教务部和值星(班)室、庶务部。东耳房是毛泽东的办公室兼卧室,西耳房是图书馆,宽敞的大成殿作为课堂,崇圣殿正间是膳堂,东间为军事训练部,学员的宿舍在前院和后院的两廊等处。

恽代英在这里讲授的"中国史概要",理应与他在其他场合讲授的"中国民族革命运动史"有着内在联系,或者说是后者进一步通俗化的表述。那么这就是一个跨越中华五千年文明的宏大课题。要做到在有限的时间内高度概括、梳理历代兴亡和社会发展的内在规律和特点,并与当下的现实斗争相结合,授课者必须具备渊博的文史知识、开阔的历史视野和洞察事理的分析力、判断力;再能够纲举目张、条理清晰、深入浅出地讲述出来,让来自各地农村的学员能够理解、消化和吸收,这对学贯中西的演说家恽代英来说,游刃有余。

恽代英与邓中夏是老朋友了。1922年暑假期间,恽代英第一次到上海时拜访了邓中夏、高君宇,并向主持团中央工作的施存统汇报四川泸州青年团的建设情况。次年夏天,经上海大学总务长(主任)邓中夏推荐,恽代英赴沪执教上海大学,如今他俩在广州再次相逢。邓中夏不仅是省港罢工组织者和领导者,而且是出色的宣传家,兼任劳动学院院长,

劳动学院旧址（广州新亚酒店）

省港罢工委员会宣传小册子

中央军事政治学校（黄埔军校）政治部的宣传小册子

第五章

授课、讲演和撰稿

亲自讲课。该学院由中华总工会和省港罢工委员会合办的教育宣传委员会创办,"以研究工人运动、培养工人人才为宗旨",被称为"中国工人阶级的最高学府",实际上属于短期培训班性质。该学院设在广州西濠口南华楼（今新亚酒店,位于人民南路10、12号）四楼,学员上课时间为每晚7时至9时,周日休课。学员能够领到统一发给的书籍、讲义、铅笔和本子,毕业考试及格者能获得毕业证书。授课内容包括工会组织法、中国职工运动史、孙文主义、社会主义、农民运动等。

1926年6月21日至23日,劳动学院考试招收的第一届学员,录取200多人。6月28日晚上7时,劳动学院正式宣告成立。教务主任是李耀先,兼职教员有刘少奇、恽代英、阮啸仙、于树德等。恽代英讲授"中国民族革命运动史",分为七讲：由反清复明运动至鸦片战争、鸦片战争及其影响、由太平天国运动至康梁变法、义和团与八国联军、辛亥革命运动、五四运动前后的国民党、五卅运动。此讲义篇幅比较长,现存有广州国光书店1927年3月初版单行本。讲授的内容囊括了中国近代、现代民族革命运动史的重大事件,初步梳理了这个时期的历史脉络,涉及政治、经济、文化的演变,通过深入浅出的阐述、精要的解析、严密的判断,总结出许多宝贵的历史经验,宛如一部国民党创建、整顿、发展的简史。这些对于广州——国共合作的大革命中心的众多受众来说,既能教育启蒙、开阔视野,又能提高思想觉悟,具有多重的现实意义。

恽代英经常去广东大学，那里是大革命时期广东地区群众革命运动的重要基地，在国共统一战线的作用下，共产党、共青团组织也有了较大的发展。1926年，广东区委将党、团的学委会合并，沈宝同担任书记，张太雷、恽代英作特别指导。当时该校党员有六七十人，党支部（后为党总支）负责人先后有徐文雅（徐彬如）、饶君强（饶卫华）、叶浩秀等；共青团员约有三百人。该校有团广东区委最大的团支部。学生党员同时也是团员，他们是广东大学学生运动的主要领导者和组织者。

1925年10月，广州国民政府决定将广东大学改名为中山大学。次年6月19日，批准中山大学筹委会名单，其中有郭沫若。一个月后（7月17日），广州国民政府发布命令，正式宣布改名，并于7月底完成改名工作。

郭沫若是由瞿秋白推荐去广东大学的，事前他俩见过面。1926年3月18日，郭沫若、郁达夫、王独清离沪赴广州，执教广东大学。郭沫若被聘为该校文科学长兼史学系教授；郁达夫被聘为文科英国文学系主任兼教授；王独清被聘为文科教授，后为文学院（后改为文学系）院长。广州起义一周年之际，王独清创作了"新体诗"《11 DEC.》，"DEC."是英文12月的缩写，诗名即是"12月11日"，即广州起义爆发那天。这是赞颂广州起义的一首现代诗歌，被称为"无产诗"。

第五章

授课、讲演和撰稿

在广东大学执教的3个月内,郭沫若很活跃,积极推行教务改革等事,得到共产党、共青团和国民党左派的极力拥护和支持,获得"大学改革之英雄"的美誉。他还参加校园内外的各种重要活动,发表演说,激励学生,创作了广东大学新校歌:"浩然正气此长存,霹雳一声天下惊……"

这时的郭沫若被校园内党、团投身于大革命的热情所感染,向中共总支部书记徐文雅提出要求加入共产党。党总支研究后同意了郭沫若的申请,党、团合并后的学委会认为郭沫若还需要到实际工作中去锻炼一段时间。此意见由毕磊汇报给中共广东区委,陈延年同意,恽代英提出最好让郭沫若到军队里去,或者到黄埔军校去。陈延年将中共广东区委的意见通过毕磊转告给郭沫若,同时陈延年又派恽代英代表中共广东区委正式与郭沫若谈话一次。郭沫若当即表示完全接受意见,并要求尽快到军队里去。

同年7月21日,郭沫若辞去广东大学职务,穿上军装,担任北伐军(国民革命军)总政治部宣传科科长,随北伐军出发。事前,周恩来参加北伐军总政治部主任邓演达主持的工作会议,被推举为宣传员训练及补充委员会主席、总政治部编制委员会主席。7月4—6日,国民党中执委举行临时会议,讨论北伐等问题。7月9日,蒋介石就任北伐军总司令,誓师北伐。7月13日,恽代英列席国民党中常委会议,讨论北伐出师宣言等问题。

可见,郭沫若申请入党之后辞职从戎,是中共党组织的

广东大学的钟楼

第五章
授课、讲演和撰稿

精心安排，其中恽代英的意见尤为重要。遗憾的是，郭沫若在回忆录中未曾提及与恽代英谈话一事，而且对于执教广东大学3个月的事情也未详谈。郭沫若参加南昌起义后，随起义部队南下赴广东，经周恩来、李一氓介绍，途中在瑞金一所中学里举行了入党宣誓仪式，实现了加入中国共产党的愿望。

恽代英在广州还意外地遇到昔日挚友李求实（李伟森，后为左联五烈士之一），他俩曾是武汉激进的青年团体利群书社的重要成员，1921年7月，恽代英和李求实、林育南、林育英等人发起创办了具有共产主义性质的共存社，标志着他们走上了马克思主义的道路。

1923年8月25日，中国社会主义青年团在南京召开第二次全国代表大会，恽代英和李求实再次相逢。恽代英被增补为团中央委员，创办和主编《中国青年》。李求实于1922年加入中国共产党，改为现名，曾担任团中央宣传部部长、中共中央宣传部秘书等重要职务。恽代英到广州工作之后，李求实也被调任团广东区委宣传部部长，主编机关刊物《少年先锋》。

《少年先锋》创刊于1926年9月1日，旬刊，铅印32开本，目前已知出至第2卷第19期（1927年4月1日），广州国光书店发行。该刊以广东、广西青年为主要对象，形式活泼，常以较多篇幅介绍马列主义理论，有关青年运动的内容尤为丰富。该刊创刊号的代发刊词《寄元暎》指出："我们定期发行这小册子，便是想唤起这般青年群众注意自己的问题，引导他们杀出一条血路来。"李求实、恽代英、柯柏年（李春蕃）、元暎、熊锐、刘一声等为该刊主要撰稿人。

恽代英在《少年先锋》第1期至第10期均有发表许多文章，在第4期还同时发表三篇，其中《怎样做一个共产党员？》指出做一名共产党员必须具备五条标准：

"第一，要能够确实有决心谋农工阶级的彻底解放，打倒一切寄生的压迫阶级——地主、资本家。""一个国民革命的左派不一定能够做共产党员，假如他自己只知注意国民革命，他决不能为共产党最后的主张而奋斗！"显然共产党的第一条标准很高，并与"国民革命左派"区分开来。

"第二，要能够明确了解农工阶级的解放，不是少数人理想的要求所能达到目的的，必须有大多数实际受压迫的农工觉悟组织起来"，"共产党员决不迷信任何个人的力量，亦不迷信他自己的能力；凡相信离开了群众的力量，仍旧可以解放什么人的，一定不配做一个共产党员"。共产党员不仅要有坚定的信仰，而且要完善自我人格，决不能脱离群众，更不能凸显个人英雄主义。

"第三，要能够到各种有群众的机关中间去组织一个核心，注意本机关中群众的各种实际问题"，"共产党员不但要领导群众为他们自己的利益奋斗，而且应当特别注意考察群众自己与敌人的实际力量，随时规定出进攻或退守的合当策略，而且要能用各种方法使群众接受我们的策略。这样才

第五章
授课、讲演和撰稿

不是跟着群众的尾巴跑的,才能使群众不至于走入幼稚的错路上,被敌人打败"。这里的两个关键词"群众"和"策略",在中共党史上有大量极为宝贵的经验教训。

"第四,要能够很忠实的接受党的训练,严格的服从党的纪律,扫除一切在封建社会或买办阶级文化的社会中所养成的错误思想,养成功一个彻头彻尾的布尔塞维克的精神。"加强党员的思想建设,坚持进行党性锻炼,不断提高自我修养,这是每个共产党员面临的严肃问题。"共产党员是党的一个细胞,共产党的每个细胞都要是很健全而富于活动力的细胞。要固执错误的思想,不受党的训练,对于党的意思怠工,不肯传布到群众中去的人,根本不合于做共产党员,应当将他们踢到共产党的门外去。"

"第五,要能够为了革命的利益走到任何困难危险的环境中间去,一面很谨慎的为党守严格的秘密,而一面又能很诚意的与各种可以在今天此地建立联合战线的人结成亲密合作的关系。"这实际上提出如何做一个合格的"跨党"的共产党员的现实问题,具有鲜明的针对性。"亦许有些人在将来对于共产党是有危险的,亦许有些人在现在便可以与共产党发生许多的麻烦,但是共产党员不应当回避这种危险与麻烦,要勇敢的上前,迎着这种危险麻烦,在这中间得着群众,以保证我们最后的胜利。"恽代英已经清醒地察觉到国共合作中存在着各种危险、麻烦,甚至是流血、牺牲。在热情地鼓励大家的同时,他"身先士卒",毫不畏惧,他在国

恽代英与互助社同仁合影。前排左起：汤济川、杨理恒、恽代英、林育南、萧江举、刘仁静；后排左起：郑兴焕、郑遵芳、沈光耀、魏以新。

第五章 授课、讲演和撰稿

民党"二大"上公开宣布自己是"共产分子",便是一个生动的例子,直至他最后的牺牲,以鲜血和生命践行了自己的庄严誓言。

恽代英最后大声疾呼:"要做共产党员的人或是已做共产党员的人,且自己想想,够得上做一个共产党员么?"这个呼声穿越岁月,至今依然回荡在每一个共产党员的耳边——不忘初心,牢记使命。

在《少年先锋》上,恽代英还发表了《主义》《C.Y.》《为自己的利益而奋斗》《狮子眼中的"苏俄帝国主义"〈人满为患〉》《恋爱问题》《让迷恋旧风俗礼教的人去牺牲他们自己吧!》《择师问题》《缴费与上课的问题》《俄党(?)》等,这些文章都很重视青年、学生的切身利益,提出一些切实可行的办法。显然恽代英把《少年先锋》视为《中国青年》的一个延伸,继续与广大青年、学生交朋友,推心置腹交谈,引导他们走上革命道路。同时,这些文章也生动地展现了一代青年导师——恽代英的人格魅力。

1927年1月,鲁迅应邀到广州,执教中山大学,中共广东区委书记陈延年指定李求实、毕磊专门负责欢迎鲁迅的工作。但是,李求实被调到湖南省团委工作,与鲁迅失之交臂,甚为遗憾。毕磊曾寄赠12本《少年先锋》给鲁迅,其中刊有恽代英等人文章。此后,鲁迅还在该刊上发表文章。

恽代英撰写的《广东土匪问题与广州学生》一文,发表于《少年先锋》第10期(1926年12月1日),这是他为该刊写的最后一篇文章。12月下旬,恽代英离开广州辗转赴武汉了。

第六章
执教黄埔军校

第六章

执教黄埔军校

担任黄埔军校政治主任教官时的恽代英

1926年5月，恽代英奉命到黄埔军校工作，同年11月24日辞职，经历了半年多的风风雨雨，做出了不朽的历史功绩。

"三二〇事件"发生之后，黄埔军校政治部副主任熊雄到中共广东区委，向陈延年、周恩来汇报军校情况，要求加强军校党组织和领导力量，以适应军校的新形势。中共广东区委当即确定抽调饶来杰去黄埔军校负责党的组织工作，以中共广东区委特派员的名义，饶来杰于4月初去军校报到，担任军校图书馆员。此后,周恩来等人又安排恽代英前去,以增加黄埔军校的党组织力量。

同时,蒋介石企图利用青年导师恽代英的影响力,用军校高级官员"吃小灶"等优厚待遇来诱惑、拉拢恽代英。副官每次送饭时,都送一份小灶菜给恽代英,以示蒋的"垂爱"。但每一次,恽代英都坚持与广大师生一起吃大灶,并且对蒋介石说:"只要蒋校长拥护总理的三民主义,我是支持你的;但是,你如果哪一天背叛总理的三民主义,我就要反对你!"蒋介石发动"四一二"反革命政变后,恽代英在《革命生活》上发表文章,明确地说:"譬如我,假使跟着蒋介石,也大可升官发财,但要使中国革命成功,就不能不反对反革命的甘作民众叛徒的蒋介石!"

恽代英担任黄埔军校政治主任教官(上校),负有重任,按照《政治部服务细则》第二章第六节第二十八条:"政治主任教官受(政治部)主任及副主任之指挥,督同各教官负有实施政治教育全部之权。"第二十九条:"主任教官对于教育有考量成绩,分别勤惰,呈请(政治部)主任或副主任察核之权。"第三十条:"主任教官对于政治教育之实施,负督查及指导之责。"第三十一条:"主任教官督同教官掌理之业务如下:一、按照政治教育计划分配担任实施事宜;二、筹划扶助政治教育,并督饬教官及政治部指导员,商同宣传科指导股长依期施行;三、考核学生成绩,汇表报告事宜;四、关于临时发生缺课时,设法替代或改授事宜;五、分派教官在各部队纪念周担任政治报告事宜；六、官长政治教育特别演讲及答复质疑信件事宜。"

这时政治部主任邵力子不在广州，黄埔军校政治部工作由政治部副主任熊雄主持，恽代英进行协助。熊雄是较早从事军事工作的共产党干部之一，在黄埔军校负责组织、实施全校的政治教育和政治工作。熊雄与蒋介石早就相识，1923年10月，蒋介石作为"孙逸仙博士代表团"负责人访问苏联时，熊雄接受莫斯科东方大学中共支部指派参与陪同参观。1925年夏，熊雄奉命回国，参加国民革命军东征，同年底，鲁易调任第一军第三师党代表。熊雄进入黄埔军校本是蒋介石"延揽而来"，原是担任政治部主任，结果却加了个"副"字，他还兼任中共广东区委执委、区委军委负责人。

恽代英除了协助熊雄的工作之外，还主持中共黄埔军校党团工作，这是中共广东区委指定的。其他人员有熊雄、聂荣臻、陈赓、饶来杰。（一说黄埔军校党团书记熊雄，干事为恽代英、安体诚、杨其纲。）聂荣臻负责处理军校政治部行政事务和日常工作（聂荣臻自称直接负责政治部的组织、宣传两个科的工作）；陈赓负责联系军校青年军人的工作，参加中国青年军人联合会等团体活动；饶来杰负责军校各部门、团队党的组织工作，将党员分别编成各基层小组，直接与各党小组长联系，沟通黄埔军校党的基层小组、党团与区委军委的组织关系。

中共黄埔军校党团作为该校的核心领导组织，直属于中

黄埔军校全景

第六章

执教黄埔军校

共广东区委军委领导，其主要任务是团结左派，争取中间力量，反对极端势力，积极宣传孙中山三大政策和国民革命运动，加强军校政治教育工作，培养、配备国民革命军的军事政治骨干和后备力量。

恽代英在黄埔军校里还遇见了张秋人（政治教官），他曾投稿给《中国青年》。张秋人，1921年在上海加入社会主义青年团。次年初，加入中国共产党，并在党创办的第一所培养妇女干部的"平民女校"任英语教员，同时任教的还有王会梧、柯怪君（柯庆施）等，施存统、张太雷、刘少奇等也曾到该女校演讲。

1926年，广东实现了统一，中共中央把许多优秀干部调到广州，从事各方面的工作。张秋人一下船，直奔东山庙前西街38号，这是毛泽东的寓所。事前，茅盾因故要返回上海，便与毛泽东商定，由张秋人接替主办《政治周报》工作。毛泽东安排张秋人住在楼下萧楚女腾出来的屋里，自己和夫人杨开慧住楼上。

张秋人撰写的《广州的青年革命军》一文（《中国青年》第74期，1925年4月11日），恽代英看了很受鼓舞，便写了"按语"，赞扬黄埔军校教导团参加第一次东征取得的胜利，"令一切革命的青年诚心敬佩，这为中国革命前途开一新纪元"。第一次东征胜利，"第一他们靠党的约束。第二靠主义的宣传"。他特别指出一个前所未有的新鲜事物，即军队中设有党代表，"负责以党的主义训练兵士，部勒（约束）

廣東軍官學校與國民黨問題

代英：有幾位河南青年學社的同志今年曾堅決的赴了開封，要往廣東考軍官學校，其奮鬭精神令人起敬！不過，我以為國這種犧牲是可惜的。並且黃埔軍官學校選國民黨黨生去訓練英士，不過值只用以當一個小兵，這未免有點蔑枉好的青年。再則我亦恐怕此種國民黨的分裂，與真正同學校中的大捣除，生理上的新陳代謝作用一樣，要那些不人喋喋悟非黨的除伍中，真是真國民黨的污點。所以，我以為早一天分裂，我就早一天痛快；中山先生的理想也将早蒙天實現。你以為何如？

刚英：如果真是一種犧牲精神去到廣東軍官學校的人，是無所謂可惜的。廣州軍官學生是個準教國的重畸，但潤軍隊中去宣傳，至少與那些國民黨中高分子一様，是一種的重要。 至於你妻國民黨中分化不相信軍事運動是今日革命的重要策略，但我以為到軍隊中去宣傳，革命家，我却不以為然。國民黨中自然有些假革命分子。但亦有不燃快的份子，我們聚在不爽快的黨員環境中，努力宣傳奮鬥，這樣，他不至於因果将少数属分子的國民黨員因誤會而站在我們的外面去了。使其革命革命份子自然受淘汰。

代英

第六章
执教黄埔军校

军队中的党员,一切大事官长须得党代表同意行之"。他动情地说道:"我们以一百二十分的热诚,希望我们的青年革命军再加努力,使党的力量更可以支配军队,使每个他们的军人,都丝毫不动摇的站在党的主义之下,以保全而且扩大他们的荣誉!"

这是恽代英首次赞扬黄埔军校,一年后他到黄埔军校工作后更有了进一步的深切体会。这时黄埔军校政治部工作除了健全组织机构、实施党(国民党)对军队的各级教育和监督、举办培训班等之外,还着重组织实施政治教育,以学习、研究三民主义为主,但不限制学生阅读社会主义、共产主义和马克思主义的书籍,不禁止在课堂上讲授有关的内容,这为恽代英提供了大展身手的工作空间。

恽代英到任后,黄埔军校第四期已经开学,第五期入伍生陆续入学,这是该校改名为中央军事政治学校并进行全校改组时招收的第一批学生。恽代英与熊雄等人商量,继续调整、扩大政治部组织机构。政治部内设总务(分设财务、事务两股)、宣传(分设发行、编纂、政治三股)、党务(分设组织、调查统计两股)三科,全部职员已达70多人,聘定专任政治教员十几人,另临时政治教官也有十几人。

黄埔军校政治部设有编译委员会、政治指导委员会(1926年8月),另有俱乐部、图书馆、书报流通所等。由原来的《壁报》发展为《黄埔日刊》,八开铅印,作为政治部主要的言论机关报。政治部根据军校的组织条例,制定了

《政治部服务细则》，规定政治工作的宗旨和各级职员的职责、权限。从此，政治部进入全面发展阶段，成为全校具有特色的一个重要部门。

黄埔军校前三期有步兵、炮兵、辎重、工兵、宪兵等科，但没有政治科（第三期办学中途，曾主办政治训练班）。军校改组时，将国民革命军所办的军事学校合并于黄埔军校。因此，军校增设政治科，招收第四期入伍生中有500人为政治科，约占全校学生人数的五分之一，犹如在军校内增设了一个二级政治学院。政治科学生编入政治大队，直属军校政治部管理，胡公冕任大队长，下设三个队。因此，政治科迫切需要恽代英等这样的优秀政治教官，专司政治教育。这就进一步让原来军校的单纯军事学校的性质，改变为军事、政治并重的"革命党员制造所"，更符合新改的校名。这是军校党团按照中共广东区委的意见，积极推动下的结果。

黄埔军校还进一步明确了政治教育的目的。政治部制定的《政治教育大纲草案》提出了10项要求，其中就有"使学生明确自身的责任，认识革命的武力必须与民众相结合，必须使军队达到国民革命军的水平标准"。"了解军队政治工作的重要性，了解本党（国民党）的学说与主张，树立为主义而作战的精神。"

随着政治教学工作的加强，教学改革的进行，教育内容的扩展，教育课程由原来的14门增加到26门，恽代英等人的政治教学任务加重了许多，恽代英还亲自编写数种政治讲义：《国民革命》《本党重要宣言训令之研究》《中国国民党与农民运动》《中国国民党与劳动运动》《政治学概论》等。

其中《国民革命》分为三个部分："（一）为'革命的意义'。说明革命与进化之关系，与革命不易成功之原因，而指示吾人所应注意之点。（二）为'中国的革命运动'。说明中国压迫势力，压迫民众之罪恶，各种被压迫民众受压迫之痛苦，并说明八十年来由此种压迫所引起的革命运动，而归结于本党三民主义指导革命运动的重要。（三）为'我们的力量'，说明压迫势力与被压迫各阶级实际的力量，以证明本党农工政策与联合世界革命势力政策之正确合于革命的需要。"这些主要围绕着一个鲜明主题：开展民族解放运动，反对帝国主义、军阀等，这是国共合作的政治基础。

除了编写讲义，恽代英还凭借主编《中国青年》的经验，继续采用答复读者的方式，配合《黄埔日刊》开设的《政治问答》栏目，为黄埔军校学生解疑释惑，积极引导，努力满足学生渴望求知的需求。后来黄埔军校政治部编印了《政治问答集》（1927年1月出版）收集这些问答，由宋云彬编辑。

事前，宋云彬由宣中华、安体诚介绍加入中国共产党。1926年，他进入黄埔军校，担任《黄埔日刊》编辑，撰写了大量的署名文章。他写过《鲁迅先生往那里躲》等文，并向政治部提出邀请鲁迅前来军校讲演，并到广东大学去找鲁

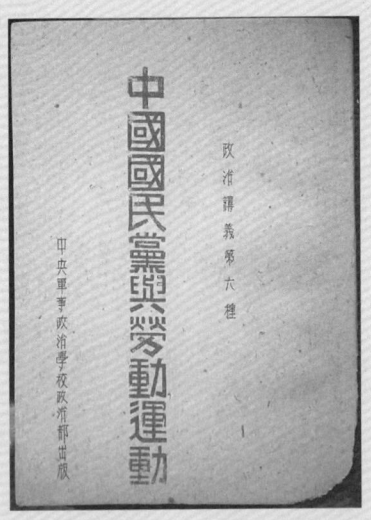

黄埔军校数种政治讲义

政治問答集

弁言

幾年來世界革命的潮流，澎湃得使青年們無處躲避，要起來作政治的鬥爭。但是一向所有的傳統思想，一向所得的淺薄知識，還不夠應付環境，怎能去解決政治上的種種問題？於是「知識饑荒」竟乎成了青年界的普遍現象。

我們知道：一切所謂玄學，哲學，國故，文學等等，都是吳稚暉說「應該丟在毛間裏三百年」的東西，現代青年的急需，乃是政治常識。政治常識不完備，革命的觀點不會穩固。

因此，我們把一九二六年黃埔日刊裏所載的「政治問答」，收集起來，編成這本政治問答集。這裏面都是黃埔學生對於政治上沒有瞭解的問題，提出來請政治教官答復的。

我們相信：這洪不僅是黃埔學生所要求解答的問題，而且是一般青年

— 1 —

《政治問答集》书影

迅，未果。事后（1927年4月8日），鲁迅应邀到黄埔军校讲演，题为《革命时代的文学》。促成此事的是熊雄，他把邀请鲁迅来校演讲的想法告诉孙炳文（国民革命军总政治部后方留守主任，在恽代英赴汉后任黄埔军校政治主任教官）、刘弄潮。这时恽代英已经离开黄埔军校，与鲁迅失之交臂。

宋云彬在《政治问答集·弁言》中写道："我们把一九二六年《黄埔日刊》里所载的'政治问答'，收集起来，编成这本《政治问答集》。这里面都是黄埔学生对于政治上没有了解的问题，提出来请政治教官答复的。我们相信：这决不仅是黄埔学生所要求解答的问题，而且是一般青年所要求解答的问题。"并且解释说："问题的答案，都是本校政治教官恽代英、萧楚女、廖划平、张秋人等担任，因编辑及印刷上的便利起见，把问答的姓名都删去了。"用问答集与黄埔学生笔记进行核对，发现其中的一大半内容均是恽代英作答的。

安体诚时为黄埔军校政治部宣传科科长，主编《黄埔日刊》，编委会委员有宋云彬、李逸民（原名叶书，经熊雄介绍加入中国共产党，后为《解放军报》总编辑、总政文化部部长）等，都是共产党员。此刊发行量很大，"由六千份增至二万六千份之多"，"在全国的影响愈来愈大、愈来愈广"。该刊内容十分丰富，主要栏目有：时评、日评、周言、宣传大纲、时局口号、校闻、党务、军事、政治、经济、群众运动、革命之路、杂闻等，各个栏目从不同的角度讲述不同的话题。《黄埔日刊》后期几乎每期都登载"政治问答",内容都或多或少具有现实意义。

《政治问答集》分为十个部分:关于本党的主义、政策、组织系统等;关于马克思、列宁的主义政策等;关于各种主义学说;关于经济、政治及社会问题等;关于革命的理论、策略、历史等;关于革命青年的修养、主义的研究及实际宣传的方法等;关于国际间的会议条约、其他国际问题与各国及中国的内政外交等;关于国外国内的党派及秘密会团等;关于各种名词之解释;关于宗教、历史人名等。

此集涉及面广泛,问答形式很受欢迎,答复简明扼要、通俗易懂,如"关于革命青年的修养",理应是恽代英答复的。

问一:"应如何修养才能成为一个真正的革命者?"

答案:"一个人认清除了革命没有路走,他自然不灰心。认清了要革命成功,必须努力宣传,使一切人都革命化,他自然不乱詈人,而且亦不敢过于相信自己一个人的力量,认清了艰难挫折是革命过程中应有的事,认清这几点,自然可以成为一个真正的革命者。"

问二:"一个革命党员,要拿一些什么必需的条件,去确定他的革命观点?"

答案:"要彻底了解自身与一般民众之如何苦痛受压迫,与帝国主义、军阀之如何动摇不易维持,即使能确信革命是必要而且一定成功的事。"

问三："一个真正的革命党员,其最低限度的必要条件是什么?"

答案："必要能了解主义,遵守纪律,深入群众,努力工作。"

问四："做政治工作的人,其必需的具体条件是什么?"

答案："要了解党的主义策略,文字语言明白而有刺激性,注意政治与社会实况,能勤劳而忍耐的做工。"

……

这些"答案"指导思想明确,引导学生明辨是非,坚定革命信念,其中许多观点和言论在恽代英的各种文章里多次涉及,可以互相印证。

恽代英以渊博的知识、开阔的视野、敏锐的判断、精辟的见解、流畅的文笔、热情的演讲赢得了黄埔军校众多学生的喜爱。

多年后,有的学生依然清晰地回忆说:恽代英在黄埔学生中有很高的威信,绝大多数学生都读过他在《中国青年》上发表的文章。他平易近人,循序善诱,有慈母般的心肠、严师般的智慧。在他身上永远都有吸铁石一般的凝聚力量。

恽代英授课不背诵讲义,善于联系实际,作各种对比,批判资产阶级学者的观点,饶有风趣,学生听得津津有味,

第六章

执教黄埔军校

又容易做笔记，课后也不易忘。每节课后，他与学生互动，让大家口头或以书面形式向他提出疑难问题，他再把问题归纳整理，逐一解答，《政治问答集》便是这样逐渐累积汇总起来的。如果学生没有发问，他就主动反问学生，启发大家进一步去琢磨、理解。其中有些问题涉及理想、信念、价值观等，不是三言两语所能解决。

恽代英还会在讲课时侧重青年问题，谈及小资产阶级出身的知识分子的动摇性，认为这类人缺乏坚决性、坚韧性，并用"秀才造反三年不成"来形容。一次，校方突然发下每人一册《孙总理翰墨手迹》，用上等纸张珂罗版精印。恽代英讲课时问大家："你们猜猜蒋校长为什么要发这本书？""不知道。"恽代英说："这本书里有一封信，是批评汪精卫妥协，不能革命的。"当时汪精卫被视为国民党左派，"三二〇事件"后被蒋介石打压下去，坊间流传各种传言。蒋介石别有用心地在黄埔军校里散发《孙总理翰墨手迹》，恽代英一眼就看穿了他的心思。

学生在课余时讨论"最爱听哪位教官讲课"，大多数学生认为是恽代英，称赞他的口才极好，是一位大演说家。恽代英则谦虚地说："陈启修先生学问有根底，我远远不及。我的讲课，只适合于中学毕业生，因为我一向研究青年问题，懂得青年的思想，所以你们说爱听我的讲课。"

陈启修早年毕业于日本东京帝国大学，同年受邀担任北京大学法科教授兼政治门研究所主任。他在黄埔军校担任政治教官时，兼任农民运动讲习所教员、广东大学（中山大学）法科科务主席和经济学系主任，他是《资本论》第一个中译本的翻译者。新中国成立后，全国仅评选了两名经济学一级教授，他是其中之一。恽代英在黄埔军校时很敬重陈启修，才说了以上一番话。

恽代英与黄埔军校中的中共党员、共青团的学生关系密切，多次专门为他们讲解、分析现实问题，及时进行指导。而那些右派学生对于恽代英也不敢轻易冒犯，即使在背后非议共产党时，也很少提恽代英的名字。

几个月很快过去了，黄埔军校编印了一本《黄埔军校第四期同学录》，苏联顾问鲍罗廷应邀题词，恽代英写了序言：

> 中国人几乎没有人不知道"黄埔"，青年几乎没有人不希冀能预做一个"黄埔"的学生。"黄埔"是新中国的建造者，"黄埔"的学生人人都预备牺牲他们的精力生命，为被压迫的中国四万万人杀开一条血路。……中央军事政治学校改组后第一期的学生现在已经将要毕业了。他们是前三期学生的继起者，他们预备紧跟着前三期同学，踏着牺牲的血迹前进，所以他们自己承认是"黄埔"的第四期学生。

由恽代英这样一名政治主任教官来写序言，在黄埔军校史上是唯一一次。这不仅说明了恽代英在这期学生心目中具

第六章

执教黄埔军校

有很高的政治地位,也折射出他在教学工作上所付出的大量心血及取得的卓越成效。

面对朝夕相处的几千名学生,恽代英也很激动,他说:"这一期同学是与我们相处很久的。我从前在上海,曾经有几回机会可以到'黄埔'来,我自己亦希望有时候可以为'黄埔'同学尽一分力量,但终以上海党务关系不能来。"黄埔军校第三期学生将要毕业时,正值恽代英参加国民党"二大","得与为数次之讲演,然亦为时匆匆,未能有亲切之接触"。恽代英继续写道:

> 这一期同学入校以后,我始于校中服职,虽以工作范围之广大,客观环境之困难,与我个人能力之绵薄,觉职务上歉咎之处甚多,然得于数月以来,置身于此革命的学校,与我三千同学蓬勃的革命精神中间,身心所受鼓舞之益殊非浅鲜。由我数月工作中的观察,我深信这一期同学将来在革命历史上的贡献,当然可以不弱于前三期同学而永为后人所称道。我因有此数月聚处之因缘,假使幸而得与诸同学之事迹并为人所述说,那便真是所谓"附骥尾而名益彰"了。

恽代英对这期学生寄予厚望,"可以不弱于前三期同学"。对于黄埔第四期同学,恽代英提出殷切希望的同时也告诫大家:

我们各人务须努力自爱，忠实尽瘁于国民革命之一途，切不可有一个人有一个时候，因为私利或意气或其他种种关系，做了一点玷污革命，玷污黄埔精神的事实。我们永远要记得总理的志愿，永远要遵守校长的教训。我们一定要唤起全国被压迫工农群众，为完成为国民革命与实现三民主义而奋斗。凡列此同学录的，一个人的行为，都可以影响全体同学的名誉，与"黄埔"前途的光荣。全中国革命的青年都睁着眼睛望我们黄埔的学生，我们要努力以求不负他们的期望。

敬祝这三千健儿的胜利！你们是"黄埔"队伍的主力军，你们是中国民族的战士；你们的胜利，是中国全民族的胜利！

黄埔第四期学生经历了北伐战争之后，先后选择了不同的人生道路，甚至在战场兵戎相见。但是在抗日战场上，他们大多以不同方式投入战斗，无愧为"中国民族的战士"，取得了"中国全民族的胜利！"改革开放之后，他们年事已高，纷纷加入黄埔同学会，设法通过不同渠道，利用自己在国共两党中的人脉关系，八方联络海峡两岸人士，为促进祖国和平统一作出了应有的贡献。

恽代英说的"永远要遵守校长的教训"，是指蒋介石曾经发表的"激进"言论，包括他的《勉励第四期毕业生电》等。

恽代英刚进黄埔军校时，恰逢蒋介石主持建校两周年纪

第六章
执教黄埔军校

念大会，并举行军校东征等战役中牺牲的烈士之墓落成典礼。当日阴雨，广州各界数千人先后被接送至黄埔军校。大操场中央设演讲台，西北角为各部教职员和来宾，东北角为军乐队，东面为步兵第一团、第二团，南面顺序而列为政治大队、经理（学生）大队、第三期补习班、政治研究班、高级训练班、特务营、各师士兵代表和入伍生第一团、第二团。

中午11时20分，奏乐曲，蒋介石和各军政长官、要人百余人，自北向东南巡视一周。12时，大会开始，何应钦报告军校历史，接着谭延闿、鲍罗廷、加仑、顾孟余、李宗仁、刘文岛等相继演说。蒋介石宣布开会时说道："总理（孙中山）命我们把本校的学生组成革命军，是要本校同学跟随总理去作革命的工作。""中国完成国民革命，全靠本校之六千五百余同志，努力奋斗。""（一）本校是总理精神所寄托的地方，本校学生是国民革命的先锋队。（二）记着党存与存党兴亡。（三）记着中国四万万同胞生命寄托在本校学生身上，此种责任，本校同学应负起来。如果各同学不肯奋斗，则总理的精神无所寄托，人民的生命因而消灭。"

此后，蒋介石在这次纪念周活动中又发表演说："中国革命为世界革命之一部分"，"中国革命必须要受第三国际指导"等。这些动人言论传出一个强烈信息，蒋介石还需要苏联的援助、共产党的支持来进行北伐战争。可一旦时机成熟，他便会露出真面目，次年果然发生了"四一二"反革命政变，而先前的动人言论都被抛得一干二净。

專論 鞏固國民政府與農工階級的聯合

恽代英

反革命派最嫉惧国民政府，同时，他们亦最嫉惧农工阶级，因为这便广东成为最革命的地域！打倒帝国主义牺牲负担军阀土豪劣绅的口号，便使他们总要发抖。没有保护农工利益的国民政府，农工阶级的势力是不会这样发展的；没有拥护国民政府的农工阶级，国民政府的根基亦是不会这样巩固的。谁破坏国民政府与农工阶级的联合，便是谁想摧毁农工阶级的屏障。国民政府和农工阶级是共同的起来，向国民政府与农工阶级共同的敌人，国民政府必须与农工阶级联合起来。他们一起反对反革命派。

不看公安局的报告么？陈炯明等已经有联合各路土匪大联向国民政府进攻的计画，还有意无意的在帮助陈炯明等扩大社会上各阶级的反动，不但有陈炯明等从外面向我们进攻，一般向农工运动的反动，帝国主义者以至土豪劣绅贪官污吏都语动了起来，他们对于种种方法激动农工与社会各阶级的反动，希图摇动後方。他们这种办法，既可以影响北伐的进行，还可以打击一年来全国革命运动的人们，还有严重的局面。

现在是很显明的，国民政府便自然没有站脚地方的农工运动一旦打破，他们进攻中第一件事便是打倒工会农会，国民政府迁攻一起的计画。

一种是引起农工的反抗，或发生罢工或暴动，他们就可以加农工以提乱後方，破坏北伐的罪名，牺牲加以屠杀，以了结总理廖仲恺先生百年来所提倡的农工运动。

一种是至少亦可以因此便使国民政府失败，抛弃他们向来拥护国民政府的态度，一变为冷淡袖手旁观。这样，便可以使反动派得着破坏国民政府的机会。他们可以乘着怂恿的驱逐广州政治上一切反动的领袖，以造成完全反动的局面。

我们须大家努力，拥护国民政府，同时亦拥护农工阶级的利益。我们须联求国民政府展厉惩治一切诬陷政府名义胁迫农工的反动分子，同时亦须请求农工群众任国民政府，勿反动派挑拨离间的诡计。须知我们不能使他们中间发生一点任何误会，我们要使他们仍旧亲密的团结起来，向反革命派作战。

国民政府是我们的政府，农工阶级是我们中间最受压迫的兄弟。我们敢来破坏国民政府与农工阶级的利益呢？这理，廖仲恺先生在天之灵，忠实的中国国民党全体党员与一切革命份子，一定可以有力量打倒他们，正好比打倒商人！打倒刘杨谋叛逆一样。

要聞二

歡送郵務工人臨時復工盛況

郵務工人發出復工宣言

工工友，服从政府命令，临时复工，查是日上午六时，赞会所採偿生郵务生郵运工役等，均先後返回局上级郵员训话，至於郵政储金、提广东郵务管理局、堅持大路、惠爱东路、東堤、五仙門、第七市、常搁攒、又爽佛山、江門、汕頭亦於是日照常收发、赴局领取者非郵路管理局长蒲圃，亦返局召集所楝择分给各郵差，按次外派，九倒他们，正好比打倒商人！

1926年8月10日《广州民国日报》刊登恽代英演讲记录稿

第六章

执教黄埔军校

蒋介石即将率部北伐了，上海、江西、浙江、江苏、湖北等地党部纷纷提出各种责问：要求解释汪、蒋之芥蒂，促汪销假；抗议任命"西山会议"派骨干担任要职。但是，蒋介石不置一词，不动声色地对留守广州的重要人员作出了一系列的安排，张静江代理国民党中央常委会主席，谭延闿代理政治会议主席，另外李济深以国民革命军总司令部参谋长、北伐军留守处主任名义统率第四军两个师和第五军（李福林）留守广州。

北伐军总政治部主任邓演达委托黄埔军校政治部熊雄、恽代英，参加接连三天的筹备北伐军总政部战时政治工作会议，此会议召开七天，讨论了北伐进行计划及宣传队组织等。北伐军总政部战时政治训练班除了随同出发的人员之外，还留下70多人在广州，总政部后方留守主任孙炳文、班主任恽代英"特传各学员等分发各军，担任后方政治宣传工作"。同时，恽代英又列席国民党中常会，不过秘书长改为叶楚伧（曾参加"西山会议"）。

随着恽代英在广州的宣传作用愈显重要，《广州民国日报》刊登恽代英的有关活动也增多了。8月10日，该报发表恽代英题为《巩固国民政府与农工阶级的联合》的演说，强调指出"没有保护农工利益的国民政府，农工阶级的势力是不会这样发展的，没有拥护国民政府的农工势力，国民政府的根基是不会这样牢固的。谁破坏国民政府，便是谁想捣毁农工阶级的屏障。谁摧残农工阶级，便是谁想掘挖国民政府的基石。国民政府与农工阶级是相依为命的。反革命派是国民政府与农工阶级共同的敌人,国民政府必须与农工阶级联合起来"。

恽代英发表此番言论针对的是广州等地发生的一系列破坏工农运动的严重事件。

7月中旬就发生了轰动一时的"陈森事件"。广州工贼陈森纠集暴徒,杀害广州工会会员两人,打伤十几人。去年发生两名工人被残杀,陈森就有主使嫌疑,被法庭通缉,但是他一直逍遥法外。如今他又一手制造血案,激怒了170多个工会千余代表,涌向国民政府和国民党中央党部请愿,强烈要求通缉陈森,惩办凶手,解散一切东家工会。国民政府答应办理,却迟迟未有行动。怒不可遏的工人群众到广东大学抓住陈森,将其扭送到公安局,不料右派分子密令释放陈森。同时,广东各地国民党右派大肆分裂和破坏工农群众团体的事件屡有发生。一波未平一波又起,广宁等地农村接连传来土匪摧毁农会、焚劫乡村、屠杀农民等令人发指的消息。

7月,中共中央在上海召开四届三中扩大会议,广东的陈延年、张太雷等出席会议,讨论了广东的职工运动和农民运动问题。他们回来后反复讨论,决定召开广东省农民协会执委会扩大会议(8月17日至24日),研究如何组织力量,击退地主豪绅的进攻,进一步开展农民运动。会后,出席扩大会议的全体代表及市郊农民千余人举行示威游行,推举彭湃

第六章

执教黄埔军校

为总领队，向国民党中央、国民政府请愿，要求严惩破坏农民运动的罪魁祸首。同时，中共广东区委发表《共产党致农民扩大会议书》，指出"农民的阶级斗争，是农民的解放问题，但也是中国国民革命的中心问题"。

因此，恽代英发表以上的演说，是正面阐述问题，告诫广州国民政府，"谁摧残农工阶级，便是谁想掘挖国民政府的基石"。张太雷主编的《人民周刊》连载发表彭湃撰写的《花县匪团残杀农民的经过》长文，张太雷又撰写《我们怎样对待花县农民》《军队进剿花县土匪》等文直接责问广州国民政府。

8月18日晚上，中共中央代表瞿秋白、张国焘抵达广州，参加国共两党联席会议。他俩感受到南粤不同寻常的盛夏气氛，大街小巷都在谈论北伐，广州国民政府颁发通令，准备举行预祝北伐成功大会；省港罢工代表大会和广东农协扩大会议正在召开，工农情绪高涨；政府机关、各团体和学校里左派与右派斗争激烈，在黄埔军校里更是已公开化。社会上反对蒋介石的呼声，让瞿秋白感到振奋。

8月20日，广州隆重举行纪念廖仲恺、陈秋霖殉难周年活动，瞿秋白和张国焘到廖仲恺墓前致祭。事前，恽代英被列入演讲名单，他撰写了《我对于廖陈二先生的印象》《廖仲恺与黄埔学校》，指出："黄埔的学生在国民党左派各领袖陶冶教育之下，养成了此明确稳定的革命精神。""黄埔的学生大部分可以说是自觉的革命者。但是谁最先唤醒他们的呢？只有廖仲恺先生的努力，最值得我们纪念。一切政治教育及与农工亲密合作之精神，都是廖先生'筚路蓝缕以启山林'的结果。黄埔的学生永远纪念廖先生，全中国要求解放的人，亦应当永远纪念廖先生。"文章对廖仲恺的评价很高，与社会上反对蒋介石的呼声形成鲜明对比。

初秋来临了，前方传来捷报，北伐军占领了汉口。9月24日，举行广东各界慰劳北伐军人大会，中山大学作为五处演讲会的中心，恽代英、于树德等出席并演讲。

11月15日，黄埔军校举行第五期学生开学典礼，第六期入伍生相继入校编队。对此，恽代英起草了《修正中央军事政治学校政治教育大纲草案》，规定了十条政治训练条件："一、彻底了解他自己的责任，是要能够担负责任使一切已经与国民相结合的武力，渐进而成为真正的国民之武力。二、使学生彻底了解军队中政治工作的重要。……"这十条的开头，恽代英都使用了"彻底了解"的坚决语气。显然，他经历了黄埔军校近半年的风雨，更为深切感受到"政治工作"与军事教育相结合的重要性、迫切性，特别是第八条，"使学生彻底了解纪律是造成统一集中的力量所必要的。一个革命党员要为革命的利益牺牲所有的个人自由……若是主张个人的自由，不肯遵从党章与军纪，便是叛党叛军的行为"。这是与社会各方面反对蒋介石的呼声密切相关的。他再三强调党章与军纪，以此映射个人野心膨胀的高级军事长官，形成黄埔军校内的一种强大的舆论，具有鲜明的针对性，意义重大。

第六章

执教黄埔军校

《黄埔日刊》还接连发表恽代英的其他文章,如新发现的《纪念周中恽主任教官的政治报告》《为什么要纪念总理的诞日》《解释对于政治工作的误会》《告第一补充师见习诸同志——读该师部刊物〈每周评论〉以后》等。其中《致政治教官公函》详细地记录了恽代英制定的教学规定和这期学生的有关情况,反映了恽代英作为主任教官所尽的职责、教学方式,以及加强管理、严肃纪律等措施,是黄埔军校校史的一份珍贵的档案资料。

第五期学生总共2650人,分为6个学生队(下分17队53个区队),第一学生队(步兵)800人,分为4队,驻扎在燕塘(广州沙河附近)。第二学生队(步兵)800人,分为4队,驻扎在黄埔本校。第三学生队(炮兵)200人,分为2队,驻扎在会家祠。第四学生队(工兵)200人,分为2队,也驻扎在会家祠。第五学生队(政治)450人,分为3队,其中有的"修业过二分之一"或者"四分之一",驻扎在蚨蝶岗。第六学生队(经理),分为2队,也驻扎在蚨蝶岗。

恽代英制定的有关条目,条理清晰,具体翔实,且可操作。其中规定:

……

四、第五期学生政治教育大纲包含各学生队各项政治科目教授次数及每次教授事项,另详。此案所规定之教授次数,及每次教授学项,如各教官认为有必须修正之处，得商问主任教官酌量修正之。

五、各教官须将各项政治科目□行教授之材料，按规定该科目教授次数妥为分配。各科目必须于规定的教授次数范围以内教授完整，不得超过规定的教授次数。

六、除已有排印讲义之各项科目以外，各教官应于教授各课之时，即将教授材料编成讲义，能于上课前一星期交主任教官处，以便油印分发听讲学生最佳。如教授已经排印讲义，各项科目自之教官，不愿沿用排印之讲义者，亦需照上述管理。

七、每次教授七十分钟，各教官不得完全作为讲解之用，应该二三十分钟用于预备答复学生问题，或提出问题指定学生答复，或命学生自由讨论，而在最后为作一结论。

八、主任教官负责于最短期间分送各班学生名册于担任教课各教官，以便有时指明考核听课成绩。

九、各教官非万不得已，不可不按照课表所规定时间出席各队上课，需顾念每次缺席，即耽误一二百人一小时许之时间，且使部队官长难于管理；除政治科学生外，各队政治功课时间甚少，为革命之利益，亦不可不尽量利用此时间，使学生受政治教育，以广其见识，而确定其观念。此事务希各教官十分注意。

十、各教官如确有重要原因，必须请假者，最好能预先于前一周星期四以前申明，使排课时有所准备；至

第六章
执教黄埔军校

迟须于前二日用书面向主任教官申明。

……

恽代英的组织、协调能力出众，不仅要沟通各个政治教官，而且对于有关细节都考虑周全，包括各教官对于讲义的处理和安排，其中牵涉到敏感的政治问题。上述第九条特地提醒各科上政治课的不同时间，"为革命之利益，亦不可不尽量利用此时间，使学生受政治教育，以广其见识，而确定其观念"。

第七条正是恽代英自己授课时的特点，借此推广，加强师生互动、沟通，问答环节几乎占据上课的近一半时间，不仅活跃了课堂气氛，生动活泼，而且提高了教学效果，让教官进一步了解学生的思想动向和心态，以便及时调整教学内容，突出重点，为学生解疑释难。

各个政治教官在工作和生活上有不便之处，恽代英也尽量给予方便，提高服务质量，解决一些具体问题。由于6个学生队分驻各处，这给每个前去授课的政治教官带来诸多不便，而且各个学生队负责人对于政治课程也有不同心态和情绪，甚至是抵制的，很容易造成互相之间的矛盾，难免产生意气纷争。因此，恽代英制定了有关规定，要求各个教官何处何时等车、坐船，到达授课地点后，必须向学生队负责人报到、接洽等；并且规定政治教官必须严格遵守授课时间，保持军容整洁，佩戴臂章，"遇高级长官敬礼如仪"。

最后一条规定:"专任教官需在校外兼课,须得主任教官同意。除兼课来往钟点外,务须长川住校以便有必要可于临时加增讲课。"恽代英作为政治总教官,下属的一批政治教官都是很有学问的,其中有不少共产党员,如萧楚女、韩麟符、张秋人、廖划平、李求实、施存统等。

黄埔军校学生毕业后,会被分配到各个部队里从事政治教育,因此,恽代英延伸"第二课堂",提前为学生将来从事政治工作着想,特地作了《军队中政治工作的方法》的演讲。他总结了来军校工作4个月以来的经验,认为"我们以前军队中政治工作,有许多错误的地方"。他指出:军队中的政治工作的目的,便是根据总理(孙中山)的两句话:"第一步使武力与人民结合,第二步使武力成为人民之武力。""我们便是要从第一步引军队走到第二步。"孙中山此观点受到苏联顾问鲍罗廷等人的深刻影响,包括仿照苏联红军的建军指导思想。因此,军队中的政治工作要注意两点:

其一,"要确定我们要引导他到哪一个地方去",即"我们必须使一切兵士对于三民主义,有正确的认识,非此不能保证我们的军队永远站在革命的战线上,为本党的主义奋斗到底"。

其二,要运用四种具体方法进行引导,第一,政治工作要与其他工作很好地联系,使别人了解,"政治工作人员是

第六章
执教黄埔军校

帮助他们的，不是害他们的，政治工作做好了，其他的工作都可以得些好处，这样才可以使人家亦看重政治工作，至少他们不会有意与政治工作人员为难"。第二，正确地看待有旧思想的军事长官。不能以为军事长官轻视政治工作，在言论上有些不正确，便说他们是反革命的。不能随便伤害他们的感情，不能使他们"恐慌起来"。这样他们就不会"有意干涉你的政治宣传、农工运动，使自己得罪本党与国民政府的"。第三，谨慎对付环境。当军事工作与政治教育之间出现不协调时，有时不免要做出妥协和让步，但依然要千方百计将党的主张贯彻到士兵中去。第四，根据军队的特点，因时制宜，开展政治工作。但是，军队中的宣传方法与材料，切不可拿来与农工运动相提并论。

恽代英指出："明白了上面这四点，便能谦恭接人，使军官了解我们，这样便可以进行一切工作也不会有很大障碍了。"他最后说："我上面所说的话，都是由个人经验得来的，自然不一定都是对的。我只是要提出来，请大家讨论讨论。"

恽代英为黄埔军校学生演讲《革命青年的缺点》等，他指出："凡是到黄埔来的，脑海里都会有一种特殊的思想，因为到了革命的策源地的黄埔，所以自己觉得已经是'非常'的革命了，我们的身体像顿时受了革命的洗礼，马上就变成了洁白无疵的美玉一般，然而这种观念是错了！是完全地错了！"其具体表现有三种：好讲自由，好讲平等，好讲理想。恽代英最后语重心长地说："学校是党的学校，是学生的学校;无论就党员的责任,或学生的责任上讲,都负有使学校'好'的义务。所以我们今后的工作,第一是要改尽我们自己的缺点,第二是要研究怎样才能造成一个更有纪律更有团结更有力量的学校。"

面对广大投考黄埔军校的青年,恽代英在《中国青年》上发表文章,耐心地劝说:有许多青年以为达到了去黄埔军校的目的,"便可以说是已经解决了中国问题或自身的问题,这种人无论能够考入黄埔军校与否,都会发生各种失望的心理;他们不但会失望,亦许他们甚至于会发生别的错误与危险的事情"。并且实事求是地说:黄埔军校的宿食、医疗等生活条件不能使人满意;教育方面,"学术科官长的不能完全称职,政治工作的不能满足需要",黄埔军校是对不住革命青年的。

他认为:黄埔军校已经招收了七八千青年,广州国民政府的财政收入有限的,黄埔军校规模不可能"永远的无尽期的扩大"。许多青年未能被录取,甚至灰心丧气,"悬梁上吊",跳河自杀,"这真是很值得怜悯的事情"。

恽代英最后指出:革命青年投考黄埔军校并非唯一的出路,"青年最要紧的精神,是要与运命奋斗,要在任何环境中间都能够解决自己乃至中国的问题"。

1926年11月19日,恽代英写信给黄埔军校学生张铨,发表于《黄埔日刊》(1926年11月24日):"1.多读革命的书报,根本造成革命的人生观,扫除一切错误的遗传精神。

2.和蔼亲切的与同学接近，领导他们左倾，不使有一个迷惑的人。3.努力预备为被压迫民众工作，宣传组织他们，使他们为了自己起来革命。"

同时刊登恽代英写给黄埔军校学生士智的短信："黑暗的事情一定是很多的。我们一方面应当切实知其真相，不要带感情夸大其辞，预备有机会时可以设法整顿；一方仍应在万难中找一部分我们可做的工作，使别的官长乃至士兵都能左倾，以减少军队中坏的影响。"

这两封信是新近挖掘的史料，都是强调革命青年在"黑暗"的困难条件下要自我奋斗，提升思想境界，运用智慧和策略，"找一部分我们可做的工作"，促使周围的人"左倾"。恽代英以不同方式引导、激发革命青年的斗志，鼓励他们克服困难，继续前行。

新发现的袁策平（江西遂川人，曾任中央训练团教官）抄录的《中央军事政治学校笔记簿》，其中有《问答代英先生》，还有恽代英回答学生提问的其他内容，刊登在1926年12月8日的《黄埔日刊》上。这些都是恽代英作为黄埔军校国民党特别党部宣传委员会顾问参加小组会议讨论的内容。牵涉的范围比较广，与以上提及的《政治问答集》有相似之处。

《黄埔日刊》发表这些信件和问答时，恽代英已经辞职了。当时他准备去武汉，筹建黄埔军校武汉分校（中央军事政治学校武汉分校），后为该分校政治主任教官。

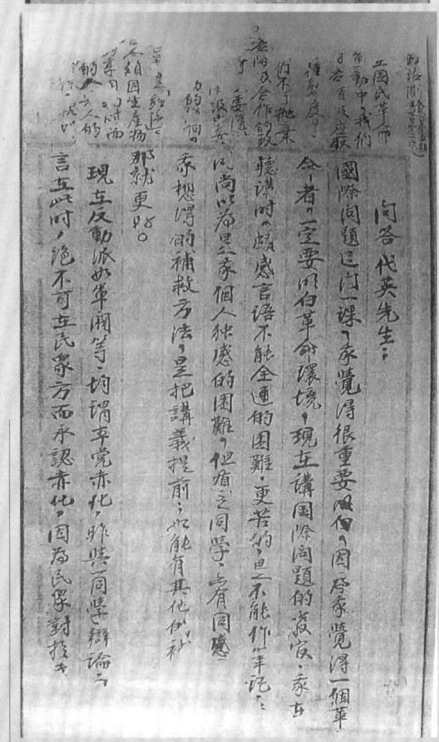

袁策平抄录的笔记簿

第六章

执教黄埔军校

恽代英离开广州黄埔军校时,发表告别演说:训勉全体学生要做一个名副其实的革命军人,树立坚定的革命意志,认清方向,讲究斗争艺术,与民众打成一片,共同完成大革命的宏伟事业。这告别赠言产生了很大影响。四年后,恽代英被捕入狱(南京国民党中央军人监狱),当时里面服刑的不仅有共产党人,还有许多国民党内的重要"政治犯""军事犯",很多人都知道其真实身份。可是,没有一个人秘密告发恽代英,只因他们敬仰恽代英为人师表的风范,为其"摩顶放踵利天下"的精神所折服。

黄埔军校武汉分校

虽然，现存的黄埔军校第五期、第六期"同学录"中的教职员名录，已经将熊雄、恽代英、萧楚女、孙炳文、张秋人等共产党员的姓名一概抹去，但是，恽代英在黄埔军校史上的英名永存于世。

第七章 参与领导广州起义

第七章

参与领导广州起义

1927年7月15日,汪精卫等召开"分共"会议,公开背叛革命,残酷屠杀大批共产党人和工农革命群众,轰轰烈烈的中国大革命失败了。7月24日,中共中央临时政治局常务委员会决定由周恩来(书记)、恽代英、李立三、彭湃、谭平组建前敌委员会,领导南昌起义。

8月1日凌晨,南昌起义爆发,打响了武装反抗国民党反动派的第一枪。同时革命委员会成立,恽代英担任革命委员会主席团成员、宣传委员会代主席。按照原定计划,南昌起义军撤离南昌,向广东进发。

南昌起义军南下的路途多是崎岖的山路,加之暑热逼人,行军异常困难。恽代英光着头,赤着脚,身上晒脱了皮,肩上搭着一条长布毛巾,全身污垢不堪。这使得疲惫不堪的许多士兵感动不已,纷纷感叹"那些大委员比我们还能吃苦……"

南昌起义军在抚州、广昌、瑞金、长汀、上杭等处停留时间较长,每次组织群众集会,恽代英都要进行演说,向渴求解放的群众分析国内外政治形势,解释南昌起义军的目的和政策。

南昌起义（油画）

第七章

参与领导广州起义

9月19日,南昌起义军占领广东省大埔县三河坝。按照计划,兵分两路,由朱德率领部分兵力留守,监视梅县方面的钱大钧所部,主力军则由周恩来、贺龙、叶挺、刘伯承率领,恽代英等人随同,进军潮汕。

1926年二三月,周恩来、恽代英相聚在汕头,参加东江各属行政大会等,经历了大革命的洗礼,在那里奠定了农工运动的良好基础。1927年9月23日,南昌起义军与驻守潮汕的国民党军短时交战后,进占潮州。此消息传到汕头,中共汕头地委工运书记杨石魂以市总工会委员长名义,发出紧急通知,要各工友起来迎接起义军进城。

次日,南昌起义军前头部队与工农武装并肩作战,一举攻下警察总局,救出被囚禁的无辜群众。午后,周恩来、叶挺、贺龙、彭湃、李立三、恽代英等人抵达汕头。"我们的队伍来了!"全城沸腾了,大街小巷挤满了人,争相欢迎南昌起义军。汕头是著名的港口,交通方便,莫斯科早就建议在此建立交通处,接应南昌起义军,以便接受苏俄援助,这也是起义军向潮汕进发的主要原因之一。

前敌总指挥部设在汕头大埔会馆里(现汕头市民权路95号),大埔会馆始建于1926年,全部费用主要来自南洋的大埔籍华侨,部分为国内大埔籍乡亲捐赠,1927年4月落成剪彩。其为三层钢筋混凝土结构楼房,每层面积424平方米,总面积1271平方米,各层四面都有走廊相通。下面两层设平民义务学校(后改为大埔旅汕小学),三楼为会馆办公地。

大埔会馆

第七章

参与领导广州起义

"大埔会馆"四个大字由大埔人、曾任广东大学校长邹鲁题写。如今大埔会馆原貌基本完好（三楼复原了会议室、会客室和阅览室），被定为汕头市级文物保护单位，首批爱国主义教育基地。2008年5月，经批准成立"汕头市八一南昌起义纪念馆"。

周恩来、恽代英等人在大埔会馆里曾共商过一系列重大军事、政治决策。当天，汕头市革命委员会宣告成立，赖润玉任委员长，古汉忠任秘书长，李立三为市公安局局长（由徐光英代），郭沫若为海关监督兼对外交涉使，周逸群为潮汕卫戍司令。革命委员会接管了汕头国民党政权，命令旧政府人员马上复工，协助新政府开展工作。革命委员会还开展各种宣传，传播起义军南下的意义。革命委员会还接管《岭东民国日报》，出版《革命日报》，刊登《八一革命大纲》《土地革命宣传大纲》等。

南昌起义军占领潮汕七天期间，汕头各地中共组织迅速恢复，普宁、澄海、饶平的农民武装先后占领了县城，被称为"潮汕七日红"。今天这里建有汕头市"七日红"公园，位于汕头市西北郊鮀浦桑浦山麓，西面毗邻汕头大学。公园按功能分为纪念区、游憩区、山林浏览区、管理区。园内建有潮汕人民英烈纪念碑，碑正面"人民英烈浩气长存"由原国家主席杨尚昆题写。

9月25日，革命委员会在牛屠地（今汕头市金平区瑞平路之处）召开群众大会，恽代英和周恩来、贺龙、叶挺等出现在主席台上，号召潮汕人民奋起斗争，全场欢呼声、鼓掌声响成一片。

26日，新任南方局委员、广东省委书记张太雷从香港秘密来汕头，于当天和28日两次在大埔会馆主持召开南方局会议。

事前（8月11日），中共中央"派恩来、太雷、彭湃、陈权、代英、黄平、国焘为中央之南方局，以国焘为书记，并在南方局之下组织一军事委员会，以恩来为主任，管理广东、广西、闽南及南洋一带特支。恩来等人未到以前，由太雷、杨殷、黄平组织临时的南方局。临时南方局之职权在于准备并指导上述区域之暴动及一切政治军事事宜。此外，并须报告此次中央紧急会议（八七会议——引者）之议决，……临时政治局决以太雷为广东省委书记。特此通知。谭平山同志决派莫斯科"。

张太雷主持召开南方局会议，"同志们，临时中央在汉口召开紧急会议……"他传达八七会议的重要内容和中共中央对前委的指示，要求取消南昌起义军原用的国民党革命委员会的名义，改为苏维埃；放弃国民党旗帜，改为斧头镰刀的红旗。张太雷还要求军队开往海陆丰，会合当地农民武装，改组为工农革命军。

9月28日，召开南方局会议，张太雷被推选为南方局书记，并且增加恽代英、李立三为南方局委员，罗绮园担任秘书。对此，张太雷写信给中共中央"请批准"，并写道"决

第七章

参与领导广州起义

定通知（谭）平山离此赴俄。对于政府机关现时纷乱，□□加以整顿。一切宣传须集中宣传委员会，并扩大宣传"。"宣传委员会"由恽代英负责。

9月底的一天，敌人的"飞鹰""民生"等三艘军舰向汕头发起炮击，敌海军陆战队千余人在炮火掩护下强行登陆，并接近总指挥部驻地。前委召开紧急会议后，南昌起义军匆忙离开汕头，向揭阳撤退。

10月1日，患病的周恩来等人撤至今天的普宁市流沙镇。3日，周恩来抱病召开革命委员会以及指挥部成员紧急会议，决定分路突围。这次会议是在流沙镇新河东路1号天主教堂侧厅举行，该旧址在1962年按原貌修复，并辟成八一纪念馆。1965年6月，当年脱险的郭沫若旧地重游，并题诗一首。此后，聂荣臻为旧址匾额题字。

1927年10月9日，张国焘写给中共中央报告里称："弟与立三、代英、伯承、伯渠、玉章、贺龙、彭湃、平山等均于七号来陆丰等处。"撤退至海陆丰，这是周恩来等在流沙会议上做的决定，南昌起义军第二十四师小部分部队突围进入海陆丰地区，同当地农军会合，随后组建为工农革命军第二师，董朗任师长，颜昌颐任党代表。

当南昌起义军南下军事行动失败的消息得到确认后，10月12日，中央领导瞿秋白等人立即写信给南方局暨广东省委，明确指示"在最短时间暴动夺取广东全省政权的计划，暂时已经不可能……广州起义的计划应即停止"，准备广州起义的第一阶段工作至此暂告结束。

恽代英脱险到香港，与广东省委书记张太雷等会合，继续商谈、研究最近一系列的工作。10月15日，张太雷在香港主持南方局和广东省委联席会议，讨论组织、宣传、工农运动等问题。

这次会议决定以张太雷、周恩来、恽代英、黄平、杨殷、彭湃为南方局委员，张太雷为书记；以周恩来、张太雷、黄平、赵自选、黄锦辉、杨殷为南方局军事委员会，周恩来为主任，潘兆銮任秘书。

同时，会议改选中共广东省委，恽代英当选为省委常委、省委秘书长和宣传委员，负责主编省委机关刊物《红旗》（半周刊）。这次会议上总结了八一南昌起义军南下失败的原因，并通过《中共广东省委通告（第十四号）——关于最近工作纲领》。这个通告理应是恽代英作为省委秘书长起草的，其中通告谈到南昌起义军在东江军事行动失败的原因，并认为"广东土地革命运动仍是高涨"，继续准备广州起义。

10月23日，中共中央复信给广东省委，指出"省委的工作计划亦已收到，唯此计划仍带有偏重军事的倾向，而未能完全把暴动主力建筑在农民身上，中央已决定另行起草一个寄给你们"。并且决定取消南方局，"广西划归广东省委指挥"，"唯二十五师则设一特委归广东省委指挥，但特委所到地方与该地党部发生密切关系，共同领导该地工农暴动工作"。三河坝失守后，朱德、陈毅等率领二十五师（旧称，

第七章
参与领导广州起义

改为工农国民军第一师等）近800多人，转入粤赣湘边界地区，开展游击战争。1928年4月28日，朱德、陈毅等率部与毛泽东率领的秋收起义部队胜利会师，成为中国革命复兴的火种。

中共中央、广东省委的近期工作进入准备广州起义的第二阶段。1927年11月9—10日，张太雷在上海参加中共中央临时政治局扩大会议（"11月扩大会议"）。11月17日，瞿秋白主持召开中共中央常委会，周恩来代表组织局提出由张太雷、恽代英、张善铭、黄平、陈郁、黄谦、周文雍组成广东省委常委会。会议通过由周恩来、张太雷、苏兆征等起草的《广东工作计划决议案》，共分六个部分：目前的政治任务；宣传教育方面；组织方面；工运方面；农运方面；军队工作。其中宣传教育方面指出：

（一）把此次中央决议案切实训练同志，务使根本扫除旧有机会主义军事投机等倾向，确定其新的观念。

（二）广大的普遍的宣传土地革命及苏维埃政权，以煽动工农群众起来，实现土地革命及夺取政权。

（三）反帝、反军阀、反汪、反国民党的宣传，要深入群众，要揭破汪及国民党的假伪的反帝运动。

（四）为实现以上三项宣传煽动教育工作，应有：

（1）党内训练刊物及训练大纲，解释中央政策与决议及省委之决议。

（2）翻印及传播中央的刊物——《布尔塞维克》。

（3）省委须有一定期对外刊物，以发表其政治主张，号召群众到共产党旗子之下来。

（4）适合工农群众之标语，务须普遍张贴。

（5）各县市区委、支部、小组，须开会讨论中央政策及省委议决，派往各地工作同志须受短期训练，使明了新政策之真义，各地须派负责同志前往解释。

这些内容，都成为负责广州起义宣传工作的恽代英的指导思想和工作要点。张太雷赴沪参加"11月扩大会议"期间，广东省委工作主要由恽代英代为负责。恽代英除了连夜赶写各种政治报告之外，还要主编《红旗》，着力宣传对土地革命和工农兵政权的宣传。《红旗》创刊号于10月30日出版，刊登恽代英撰写的《工农兵政权》、彭湃写的《土地革命》等。此后，恽代英在该刊上相继发表《纪念孙中山先生》《冬防》等文，指出"对于利用孙中山先生的偶像以厉行反革命的中国国民党，是要打倒的"。并且呼吁："便是这个冬天，我们要准备大暴动，解除一切'冬防'军队的武装，为我们的穷苦人们打一条出路！"

恽代英主编《红旗》时，广州市委宣传部负责人赖先声、团市委宣传部的李求实等人也负责其中部分工作。每期《红旗》稿子编好后，由杨殷转交给杨广（他在香港租赁三处房子，建立秘密联络站，接待来往人员和递送文件、交换

第七章
参与领导广州起义

情报)。杨广把经过伪装的稿子带到澳门,交给杨章甫(地下印刷厂负责人),由他安排付印。《红旗》印好后,由往返香港、澳门轮船上的海员负责接应。《红旗》刊物是经过伪装的,用花花绿绿的商业广告纸包裹着,杨广带上船后,接应的海员把这些伪装后的刊物放在轮机室或账房里。船停靠香港,等乘客都下船了,杨广在海员的掩护下,把《红旗》带到发行机关,那是一间故衣店的楼上。《红旗》印刷几千份,发到各特委、县委,有条件的机关再进行翻印。

准备广州起义的第二阶段时,出现了是否争取"联合"力量的策略问题。由于执行共产国际代表、中共中央指示,张太雷等人最终拒绝与张发奎等人"联合"(以下简称"联张")。

事前,粤系张发奎、黄琪翔(时为第四军长)打着"拥护汪精卫,打倒共产党"的旗号,率国民党第二方面军(原为第四军的基础)进驻广州,与桂系李济深、黄绍竑所部争夺广东地盘,双方矛盾愈演愈烈。11月17日,黄琪翔发动驱逐李济深势力的广州军事政变,粤桂战争爆发,黄绍竑的桂军被赶出广州后集结于梧州,准备卷土重来。而潮梅地区的粤军陈济棠部宣布反对张发奎。张发奎等人决策先解决西江的黄绍竑部队,后解决东江的陈济棠,希望再次与张太雷等人协商,以解除后顾之忧。张发奎回忆说:

> 黄琪翔左倾,他同情共产党,支持邓演达继续同共

产党合作的政策。他跟共产党接触过，还常常告诉我：共产党的重要人物已抵达广州，他们对我印象良好，想见我。那是些什么人？我问他，但他不肯告诉我，也不告诉我这些人住在哪里。……有一天，他说共产党派人来拜访我，问我肯不肯会晤此人。我问："是谁？"他答："恽代英。"我确实认识他，他是很重要的共产党员。黄琪翔说，南昌暴动被击溃后，恽和许多同志逃到香港，他这次是秘密来穗。我回答说可以见他，问他在哪里，黄喊"上来"。这表示恽代英住在黄琪翔住宅的一楼，毫无疑问，没有黄琪翔的同意，恽住不进来。

恽代英同我谈了不少，仍然要我同他们合作，换言之，他在重复执行邓演达的方针。……我对他说："让我独自留在广东吧，你们把广东视为革命基地，我们也要在广东实现理想。"他接受我的观点，答应不再打扰我。除此外没有其他共产党人在广州同我们接触。

9月21日，张发奎返回广州，他与恽代英会谈应在此后。这说明张太雷等人接到中央来信指示，坚持原则的同时并未放弃与张发奎会谈的机会。9月29日，张太雷写信给中央，表示"张发奎、黄琪翔与我们吊膀子，互相派代表。但我们决没有幻想，并且我们知道他们是我们的真正敌人。"中共中央军事顾问谢苗诺夫（化名安德烈）也赞同联合张发奎等人，与广东省委、广州市委主要领导发生激烈争论。

第七章

参与领导广州起义

张发奎等人迫切希望与共产党人协商,其重要原因是他们的主力部队不断调出广州去迎战桂军,想解除后顾之忧。这时张太雷已经转为强硬态度,坚决执行"11月扩大会议"后制定的《广东工作计划决议案》。

中共广东省委任命黄平为广州市委书记,市委机关设在广州广大路广大二巷4号4楼。这是一幢坐北向南、砖木结构的房子,原为一厅三房,北边亭子间作为厨房、厕所。现仅存外貌,内部结构变化很大。这里原来是中共广东区委书记陈延年、组织部部长穆青、宣传部部长任卓青、秘书长赖玉润的秘密居所。1927年4月22日,中共广州市委成立,这里既是市委机关,也是吴毅(书记)的秘密住处。

1927年11月26日,张太雷从香港秘密潜入广州,住在这里。晚上,召集黄平、吴毅、陈郁等人开会,决定举行广州起义。同月下旬,张太雷与黄平、周文雍组织起义(暴动)总指挥部——革命委员会。

11月28日,张太雷写信给广东省委恽代英等人,正式传达举行广州起义(暴动)的决定:

代英、善鸣、宝同兄:

  二十六晚(黄)平、(吴)毅、煜(陈郁)、沈青、王强亚及我与毛子(纽曼)决定了准备夺取广州政权的问题。这会议认为广州工人必须起来保卫广州,以抗拒李济琛(深)重入广州建立其反动的政权,同时反对张

中共广州市委旧址旧貌

第七章

参与领导广州起义

发奎,因为他与李济琛(深)一样的反动。一方面广州工人只有自己起来夺取广州政权方有出路;一方面张、李两军阀的血战(给)广州工人以机会,所以决定立即暴动。……

恽代英等人将张太雷此信转给中共中央,汇报上述关于广州起义的决定。

张太雷等人向中央汇报的同时,决定成立起义(暴动)总指挥部——革命委员会,由张太雷、黄平、周文雍任委员,张太雷总负责,主管军事、政治;黄平兼任广州市委书记,周文雍任广州工人赤卫队总指挥,他俩负责工人方面的指挥;另以吴毅(省委候补委员)为秘书,负责党务。随后任命叶挺为起义军事总指挥,叶剑英为副总指挥。

这时的恽代英正在忙碌地起草广东省委的主要文件,虽然不能确认现存的有关文件哪些是他起草的,但是起草、审阅、修订文件都属于他作为省委秘书长的工作职责。12月初,临近广州起义时,恽代英等人已经开始提前起草有关宣言、文告和传单,除了杨广辗转运回一部分《红旗》之外,赖先声(负责广州起义前的具体宣传工作,如组织宣传队、购买红布——作为起义的标志、写标语等)安排了秘密交通员,把这些宣传品直接运到广州,这也是在杨殷支持下的海员接应运走的。

1927年12月11日凌晨二时许,夜风习习,四周静悄悄。教导团各连小声地发口令,把队伍带到团部前面操场集合,全团分为东西两边对向站队。张太雷、恽代英、叶挺等人走出团部，进入队伍夹道中间。面对神情严肃的起义官兵，张太雷激动地作战前动员："今天夜里，我们要在广州举行暴动，要打倒国民党反动派，解除反对分子在广州的武装，成立广州苏维埃政府。你们教导团是暴动的主力，你们要勇敢战斗。"

半年前，"四一二"反革命政变后，蒋介石在南京另立陆军军官学校，武汉国民政府把原来的"中央军事政治学校武汉分校"删去"武汉分校"，并取消校长制，成立校务委员会，推举恽代英（代表共产党，故有"党代表"之称）、邓演达、谭延闿三人为常务委员，实行集体领导。

汪精卫公开背叛革命后，恽代英和其他暴露身份的共产党员学生先后离开学校，也有一批学生投奔南京蒋介石，只剩下第六期的3000多名学生。叶剑英识破了唐生智（兼任军校副主委）试图解除这批学生武装的阴谋，便向张发奎提出建议，收容这批学生，于是他们被改编为第四军教导团，其中包括没有暴露身份的百余名共产党员学生。原来军校的女生大队300多名学生被遣散，但是游曦、郑梅仙、曾宪植（后为全国妇联副秘书长）、王炳先、骆英豪、刘光晦等30多名女生不愿意被遣散，也被编进了教导团。全团的教育、行政等，均由教导团的国民党党部领导，其实为中共地下组织所掌握。

教导团随张发奎率部南下广州途中，两次被解除武装，这期间产生了许多惊心动魄的故事。到了广州，张发奎为了

第七章

参与领导广州起义

消灭李济深、黄绍竑所部,争夺广东地盘,便想利用教导团的力量,又发还武器。教导团驻扎在广州北较场四标营,此地位于小北门外(如今的北较场路和北较场横路一带是繁华的闹市区),昔日为清代旗兵演练之地,这里成为广州起义的起点。恽代英穿着灰色中山装,面对夜幕中的教导团官兵,冷静地说:"官长们,学生们,今晚你们叶团长很忙不能来,我来向你们讲话,我离开你们参加南昌起义,好几个月了,很想念你们。我知道你们每个人的胸中都埋藏着对国民党反动派的怒火。在九江、韶关,你们两次被反动派解除武装。前天,你们的叶团长告诉你们,反动派又想解除你们的武装,这回我们可不交枪了。今天我们要报仇,要暴动,要起义,要和反动派算账,要讨还血债,要夺取政权,建立自己的工农民主政府。你们要勇敢战斗,解除敌人的武装,取得暴动的胜利。"最后,恽代英介绍叶挺,叶挺立即下达作战命令:"各营、各连、各排的攻打目标,按照昨天军官会议分配的任务执行,现在按照路程远近次序,分途出发!"

按照预定计划,四标营升起三颗红色信号弹,划亮夜空,各部队总攻击开始啦!

天刚亮,起义军占领了珠江北岸大部分地区,并攻占了广东省会公安局,在屋顶上竖起了红旗,大门口悬挂着"广州苏维埃政府"的横额,这是东方民族解放运动中建立的第一个城市红色政权,被誉为"东方的巴黎公社"。这里现为起义路200号之一的广州起义纪念馆(全国重点文物保护单

广东省省会公安局旧貌,现为广州起义纪念馆。

第七章

参与领导广州起义

位，隶属广东革命历史博物馆），进入骑楼式大门，四周有2米高的围墙，建有混合结构的两层建筑，呈"凹"字形，面积约910平方米。正中是苏维埃政府办公楼，楼下是总指挥张太雷的办公室、会议室和临时救护处。二楼南面有两个办公室，是苏维埃政府委员和工人赤卫队负责人办公处，恽代英作为秘书长在一个小房间里办公，起草苏维埃政府文件等。

张太雷、恽代英等人着手成立广州苏维埃政府，清晨6时许宣布成立。7时，天大亮，广州苏维埃政府和工农兵执行委员代表第一次联席会议召开。会场里挂着马克思、列宁像，中间由几十张桌子拼成的特大会议桌已铺上大红布，四周摆着藤椅。张太雷走进会场，一身戎装。恽代英还是穿着蓝布长衫，戴着深度眼镜，埋头做记录。叶挺坐在恽代英对面，穿一套黑色西装，系着一条黑红色条纹领带，其他人散坐四周。恽代英宣读了《广州苏维埃政府告民众》，宣布了苏维埃政府领导人名单。会议通过了"一切政权属于工农兵""实行八小时工作制"等10项决议。

大院子一下子热闹起来，挤满了许多工人赤卫队员，他们都是来这里领取武器的。大家高唱《国际歌》《少年先锋歌》（即《青年近卫军》），"向前去，迎接黎明，同志们，去斗争！……"这首著名苏俄歌曲《青年近卫军》，张太雷曾和莫斯科东方大学中国班学员们一起高唱，充满了青春活力。有些工人赤卫队员领到枪，哗啦哗啦扣动扳机；有些却不会使用，教导团马上派出人员去教。

广州起义工农红军司令部旧址,恽代英的办公室在二楼左侧。

第七章

参与领导广州起义

这时大街上出现了教导团女生队，她们肩上挂着马枪，分头演讲，领唱《国际歌》等曲子，散发传单以及《广州苏维埃政府告民众》《向红色起义军致敬》《红旗》等号外。

《红旗》号外庄严宣告："广州苏维埃（工农兵代表会议）已宣告正式成立，为政治上最高机关，代表工人、农民、兵士执行政权。广州的工人、农民、兵士已经下最大的决定，要拥护苏维埃与一切反动势力奋斗到底！"并公布《广州苏维埃职员名单》：主席苏兆征（未到任前由张太雷代理），内务兼外交委员黄平，肃反委员杨殷，土地委员彭湃（因现任海陆丰苏维埃主席，未到任前由赵自选代理），劳动委员周文雍，司法委员陈郁，经济委员何来，海陆军委员张太雷，秘书长恽代英，工农红军总司令叶挺，工农红军总参谋长徐光英。苏维埃政府参照俄国十月革命胜利后的苏维埃政府机构设置，设立财政处、秘书处和红军编导处，以及粮食队、救伤队、宣传队、交通队和运输队……

除了《红旗》号外，同一天还发表了《广州苏维埃宣言》、中共广东省委《告工人农民——巩固广州暴动的胜利而继续奋斗》等，这些是恽代英等人提前起草、修订的文告，可以想象他们起草时的激动心情。除了发表国内政治宣言以外，还有一份鲜为人知的《苏维埃政府对内对外政纲》，主要内容是取消一切不平等条约，不承认反动政府所借的外债，要收回租界，准备在平等基础上同外国建立贸

中國共產黨為廣東工農兵暴動建立蘇維埃告民眾

中國的工人農民兵士同志：

廣州的工人兵士已經暴動起來，將反革命的國民黨軍閥張發奎李濟琛打倒了。廣州周圍的農民也已經起來，廣東各處的農民暴動正在發展，尤其是海豐陸豐等東江一帶的農民暴動，早已得到勝利。如今全省革命了農工農民暴動，真正保護廣東農民及工人利益的勞動法……廣東的工農兵士自己動手解放自己了！全國民黨的所謂「工會」壓迫起來，肅清了偽的農工會，豪紳種子本家國民黨的政權。

廣東的工農兵士革命是中國第一次革命運動的勝利。

廣東工農兵士舉行第一次白己起來取得政權，實行沒收一切地主的土地，實行沒收反革命資本家的工廠公司，實行八小時工作制及武裝工農，組織工農兵代表會的政府，相繼工農革命軍，跟隨著廣東工友農友鬥爭，爭取我們自己的解放。

只有這樣，才能免除豪紳資產階級的剝削，才能解放中國於帝國主義壓迫之下！

自建立蘇維埃骨幹的中國於北方軍閥更加見暴的壓迫殘殺工農，不但國民黨的新軍閥蔣介石白崇禧李宗仁李濟琛馮玉祥等發奔黃琪翔唐生智何鍵擴殘爭等等，發殘我們工農，蹂躪我們工農，蔣我們各省，然面他們一致的站在交納地主豪紳勢力方面，摧毀工農，又使我們工農目下的生活更加痛苦，又使豪紳資本家更無恥的壓迫他們。

同時，國民黨的各派，發面互相的傾軋，然後各自依附軍閥，破壞工農的經濟，使全國幾萬萬的工農貧民士流離失所，產死連死，餓死的餓死，放死的放死，拉夫派糧，破壞全國的經濟，使著資本家，封建地主豪紳貪官污吏擋此工人的罷工……

組織工賊走狗的所謂「工會」壓迫農民黨的政府必要定出法律來。

告民眾书

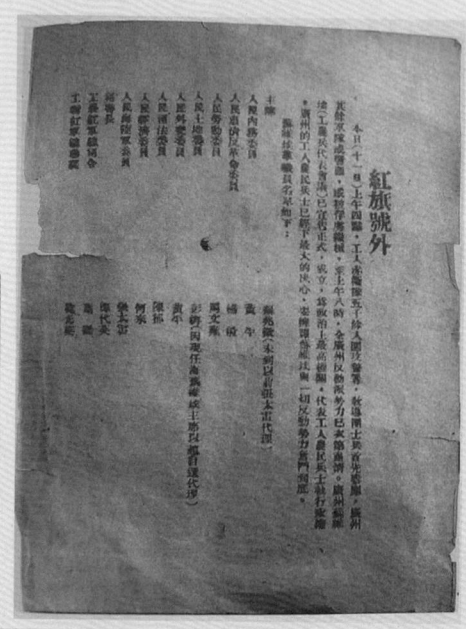

《红旗》号外

第七章

参与领导广州起义

易和外交关系,与苏联建立外交关系等。显然,张太雷、恽代英等人事前已经考虑到这一步,积极争取国内外社会舆论上的支持,获得广泛的同情,以便新生的广州苏维埃政权取得合法地位,努力扩大影响,与南京国民政府相对抗衡。

广州起义的第一天,深夜,公安局二楼总指挥部里召开军事会议,气氛沉闷。恽代英听了叶挺介绍的军事情况,知道目前局势严峻。"这是逃跑主义,我坚决反对,起义军只有进攻,才能保卫苏维埃!"纽曼说了一大通,严厉教训叶挺。

纽曼的简历表明,他并不是过去有些专著中所介绍的一个爆破专家,也没有参加过任何战斗。即使他对城市巷战有研究,也只是书本上的一些理论知识,生搬硬套俄国几次革命的成败经验模式。

1927年7月23日,纽曼作为助手随共产国际代表罗米纳兹(接替鲍罗廷职务)赶到汉口。纽曼与罗米纳兹具有相似的经历,包括都受到斯大林的重视,纽曼受到罗米纳兹"左"倾的盲动急躁情绪影响。中共中央"11月扩大会议"之后,罗米纳兹返回莫斯科,由米特凯维奇接替他的工作,并委托纽曼全权指挥广州起义。聂荣臻回忆说:"(纽曼)是一个十足的主观主义和教条主义者。他不懂得军事,没有实战经验,连打败仗的经验都没有,对中国的情况和广州的情况全不了解,又听不进我们的意见,只是靠本本,生搬俄国城市暴动的模式。"

恽代英经历过各种艰难的会议，但是眼下这样的会议却是生平第一次，这沉闷的会议一直开到次日凌晨两点多，纽曼不仅不考虑撤退，反而要求立即下达凌晨四点重新进攻的命令。这时红色信仰与政治纪律、神圣责任与强硬命令、被迫服从与错误指导等结合在一起，会议最终没有采纳叶挺正确的撤退主张。

12月12日中午，张太雷主持拥护苏维埃群众大会，随后立即与纽曼驱车前往战斗前线，察看军情，结果遭到敌人的埋伏，身中数弹，英勇牺牲，纽曼却奇迹般地逃脱。恽代英惊悉张太雷的噩耗，喟然长叹，没想到广州起义成为他与张太雷最后一次合作。

此后，敌人援军逐渐赶到，与起义军发生激烈战斗。参加起义的新三团（陶铸任团参谋长）连指导员陈同生，原为黄埔军校武汉分校（中央军事政治学校武汉分校）学员，与恽代英相熟。他去总指挥部请示，遇到恽代英。恽代英说："张太雷牺牲了，敌人从四面压来，攻得很猛，而我们的后备力量薄弱，如果坚守广州，会造成更大损失。"他最后指示："万一非撤不可，你们可以北撤，再转到东江去，与彭湃领导的农民赤卫军和红二师会合，继续斗争。"

局势越来越严峻，增援的敌军已经占领广州大部分市区。黄平、吴毅等人建议恽代英转入地下，向党组织汇报，

第七章
参与领导广州起义

"将来为这次英勇斗争写历史"。

广州起义失败了,消息传到莫斯科时,正值召开联共(布)"十五大",引起一场轩然大波,各方争论一直持续到1928年夏秋之交的共产国际"六大"。远在上海的中共中央决定派李立三、阮啸仙立即赴粤,要求李立三贯彻执行"11月扩大会议"各项决议,委任李立三以中央巡视员身份参加广东省委常委指导工作,处理广州起义失败的善后事宜,重建省委,恢复全省党的工作。

"11月扩大会议"即11月9日、10日在上海召开的临时中央政治局扩大会议,会议提出正确主张的同时,也提出一套"左"倾理论和政策,其代表性的会议文件是瞿秋白根据罗米纳兹意见参与起草的《中国现状与共产党的任务决议案》。组织上的"左"倾错误做法,为政治上的"左"倾盲动错误服务,集中体现于罗米纳兹起草的《政治纪律决议案》。

该决议案没有实事求是地进行分析,而是简单地指责和处分领导南昌起义和秋收暴动的负责人,他们都被上纲上线(其依据之一来自李立三的报告)。领导南昌起义的前委也受到警告处分,南昌起义时任革命委员会主席团成员之一谭平山被开除党籍,张国焘、毛泽东、彭公达等人则是被开除政治局候补委员或中央委员、省委委员等职务。李立三未被点名批评,但也包括在"受到警告处分"的南昌起义前委之内。

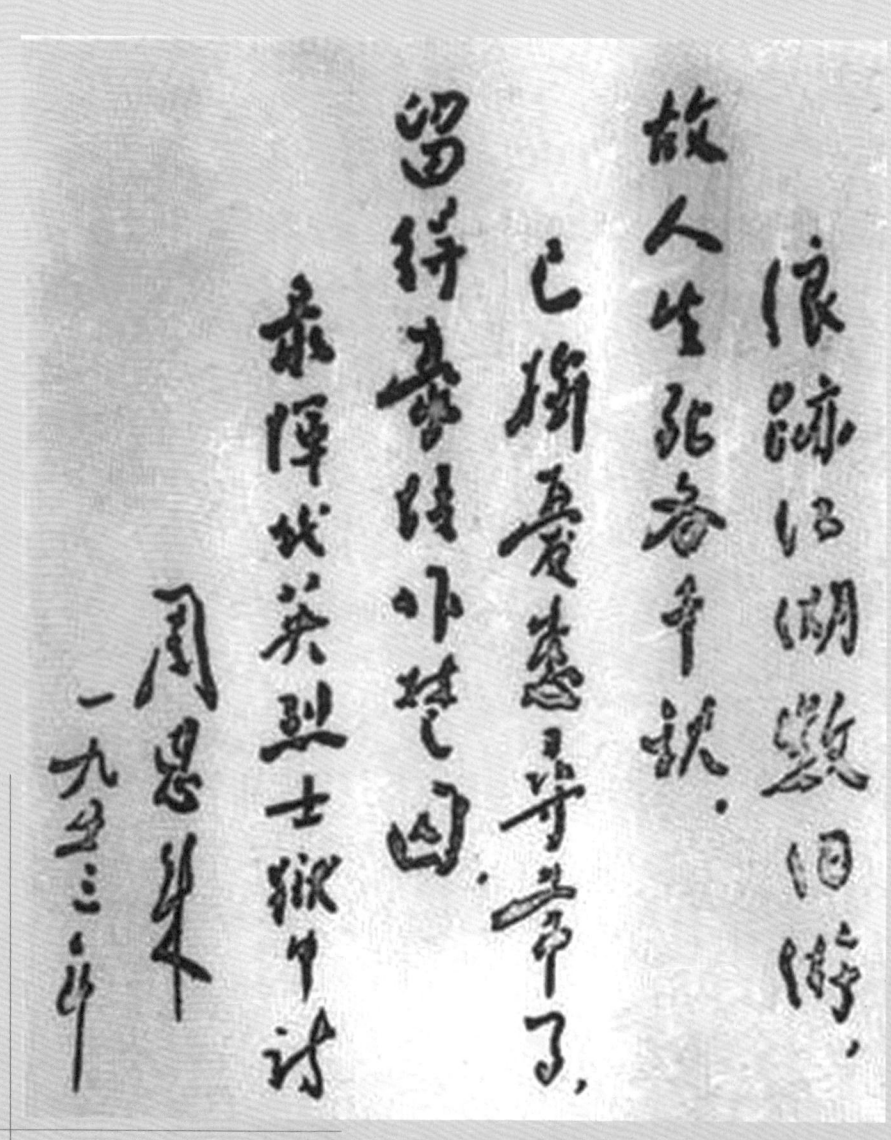

周恩来录写的恽代英《狱中诗》

第七章
参与领导广州起义

李立三携妻化装成富商，12月20日抵达香港，当天晚上主持召开广东省委临时会议，并以个人名义向中央写了一份《关于广州起义失败后的任务的报告》。

新年伊始，1月1日至5日，李立三主持省委扩大会议，讨论广州起义的经验教训。李立三、黄平分别作报告。参加广州起义的部分负责人严厉批评黄平等人，认为他们要对广州起义的失败负最大责任，有人甚至提出要枪毙黄平。会议通过《关于广州暴动决议案》。李立三等人仿照"11月扩大会议"做法，执行"政治纪律"，对起义领导人黄平、周文雍、陈郁、杨殷、恽代英、吴毅、叶挺等人，分别给予开除职务、留党察看或开除党籍的处分，"请中央批准"。

1月16日，周恩来出席中共中央政治局常委会上指出："省委这种指导的影响是很坏的，对同志的严厉处罚是不对的。"会后，中共中央写信给广东省委，予以纠正。2月9日，恽代英参加广东省委常委扩大会议，谈了广州失败的重要原因，他最后认为："退却问题，当时的确有许多客观的困难，因为一开首什么都做得不好，当然影响到退却的计划。政治纪律是需要的，有些地方可以修改，整个取消则不太好。"

恽代英在《广州暴动与工会》中指出："在暴动中必须将权力交给下层工会、农会，以发动广大的工农群众。胜利是必然的，只要有广大工农群众起来！"

1930年5月6日,恽代英在上海被国民党当局逮捕。1931年4月29日中午,恽代英高唱《国际歌》,走向刑场,英勇就义。

18年后,解放军的红旗挺进广州城。